NC

NO TE RINDAS, DECIDE TRIUNFAR

~ 72 Estrategias para estar Feliz y Triunfar

Ricardo Garza Montemayor

i

Agradecimientos y Dedicatoria

En este libro quiero agradecer infinitamente a todas las personas que de alguna forma me han ayudado a crecer, a superarme y a ser mejor cada día. A todos mis clientes, que han confiado en mi y sobre todo que han confiado en ellos mismos para lograr sus metas. Ellos han hecho posible que mi sueño de apoyar a más personas en el mundo sea una realidad. A Dios que me ha dado la sabiduría, el don y los talentos para poder apoyar a las personas a salir adelante, pues sin su apoyo y del Espiritu Santo, definitivamente no podría apoyar a tantas personas en conferencias, cursos, coaching, programas en línea, podcasts, artículos, videos, etc. A todos mis amigos, en especial a "La Razita" por caminar conmigo desde muy pequeño en las buenas y en las malas, han estado ahí desde que inicié con la idea loca de volverme coach de vida para apoyar a las personas, y luego en mi primera conferencia apoyándome con su buena vibra para que yo superara mis miedos a hablar en público.

A cada uno de ellos Gracias, pues he aprendido algo positivo de todos en el camino de la vida.

A mis padres y mis hermanos de quienes he tenido apoyo incondicional en todo momento. Siempre me han alentado a seguir adelante a pesar de los tiempos difíciles en los inicios.

A mis padres políticos, (padres de mi esposa) que también siempre han confiado en mi y me han apoyado en todas mis decisiones y en todo momento me han recibido como un hijo más en la familia. Gracias también a mis cuañadas, cuñados y concuños que han logrado armonía en toda mi familia para juntos ser más felices.

Y Gracias a la persona más importante en mi vida, quien me ha hecho mejor persona día con día en los últimos 17 años, que ha estado a mi lado hombro con hombro en las buenas y en las no tan buenas. Que me ha impulsado a ser mejor y que siempre esta ahí para mi.

Sofía, Te Amo. Gracias por ser como eres y por sacar lo mejor de mi. Y finalmente a quienes han hecho todo esto posible, a quienes hacen que mi esfuerzo valga la pena, a quienes con su sonrisa me inspiran a seguir apoyando a más personas en el mundo, ellos son mi motor, mi razón, mi motivo. Este libro va dedicado a mis dos campeones Berny e Uge y a mi princesa Cecy. Para pedirles que ¨no se rindan¨ jamás, en los momentos felices y en los momentos de aprendizaje, que sigan adelante siempre y que siempre enfoquen su mente, alma y corazón en lo positivo, para que su perspectiva siempre sea buscar su felicidad en cada paso que dan esforzándose por lograr todos sus objetivos, pero disfrutando el camino. Gracias a todos...

Introducción

Quizá te estarás preguntando por qué 72 estrategias y no más o menos. La razón es muy poderosa, el número 72 es un numero muy importante en la vida de todos nosotros. Escogí estas 72 estrategias para este libro pues las considero muy importantes y sé que te ayudarán a mejorar tu seguridad en ti mismo(a), tu Liderazgo Personal y te ayudarán a continuar el camino con pasos específicos para lograr lo que quieres.

¿Por qué 72? Te voy a contar sobre la importancia de este número... Hace algún tiempo conocí a Arnoldo, una persona muy sabia y con un conocimiento enorme. Platicando con él salió la importancia del número 72, pues 72 son los latidos que el corazón de un hombre sano en reposo debe tener en un minuto, 72 son las horas de espera que los médicos sugieren para decidir entre la vida y la muerte, 72 nombres le han puesto a Dios en el mundo, 72 es el número de discípulos -que no eran apóstoles- que Jesús envió a evangelizar, 72 es el porcentaje de agua del cuerpo humano, entre otros significados. Y es por esto que escogí este número, pues yo quiero que tu vivas, disfrutes y vayas construyendo y mejorando tu camino día con día.

Sí, setenta y dos son las horas que pueden dicidir la vida o la muerte de una persona. Yo quiero que estas 72 estrategias te ayuden a salir adelante para triunfar en la vida y en los negocios. Quizá estás pasando por una situación complicada que no te permite avanzar por miedo, inseguridad, o porque simplemente no sabes como hacerlo.

Con estas estrategias tu podrás encontrar formas de superar tus miedos, de obtener mayor seguridad y confianza en ti mismo(a) y obtener el liderazgo personal que requieres para hacer que las cosas sucedan en la vida y avances con cada una de estas estrategias.

El nombre de este libro tiene un significado muy fuerte para mi y sé que para ti lo tendrá despues de leerlo pues ¨NO TE RINDAS¨ fue el nombre que mi hijo mayor a sus 7 años me sugirió para mi segundo libro. Quienes escuchan mi podcast ¨Aumenta Tu Éxito con Ricardo Garza¨ habrán conocido la historia de cómo salió este nombre. Un día llevaba a mi hijo a su entrenamiento de futbol en la escuela y de la nada me dijo: ¨Papi, a tu próximo libro ponle el nombre ¨NO TE RINDAS¨ para que le digas a la gente que nunca se rinda y que le eche muchas ganas¨. Sus palabras a su corta edad me impactaron y le prometí que mi próximo libro se llamaría como él había pedido, ¨NO TE RINDAS¨. Cuando veas esta frase, recuerda que te la está diciendo un niño de solo 7 años que no tiene las creencias limitantes que muchos de los grandes nos hemos inculcado en el camino. Así que ¨NO TE RINDAS¨ y esfuérzate para tomar las riendas de tu vida y hacer que las cosas sucedan.

Este es un libro para tenerlo cerca de ti siempre. Después de haberlo leido completo te servirá en momentos de crisis, en momentos en los que estés a punto de rendirte y tirar la toalla para lograr algo que quieres. En ese momento podrás sacar este libro y encontrar la estrategia que requieras para esa situación en donde necesitas un apoyo externo para no rendirte y seguir tu camino a la felicidad y el éxito. Con este libro quiero que tengas a tu lado las herramientas que requieres en los momentos difíciles que te ayudarán a salir adelante.

Quiero que confíes más en ti y que logres dominarte a ti mismo(a) para agarrar las riendas de tu vida y avanzar consistentemente rumbo a tus objetivos, sean cuales sean. Quizás es una relación complicada con una persona querida o situaciones económicas, de salud, toma de desiciones, felicidad, etc. Yo quiero apoyarte, y por eso es que te presento este libro para pedirte que "No Te Rindas" pues aún hay mucho por delante, hay muchas razones por las cuales lograr eso que tanto anhelas, y si no has encontrado las razones, búscalas para que te impulsen más a triunfar en la vida.

Contenido

Trabaja en ti mismo

Ricardo Garza

Haz de tu vida una obra maestra

Una obra maestra no se hace de la noche a la mañana, para hacerla se requieren varios aspectos. Te voy a compartir siete puntos para lograr hacer de tu vida una obra maestra. Pero, ¿por qué una obra maestra? Porque tu vida es valiosísima, tu vida es lo que realmente debes vivir, disfrutar y aprovechar. ¿Y por qué hacerla una obra? Porque vale la pena admirarla, pero todo depende de ti.

¿Hasta dónde quieres llevar esa obra maestra? Si la quieres hacer brillar o la quieres esconder en un lugar donde nadie la vea, tú decides. Estos siete puntos te apoyarán para que diseñes tu vida como una obra maestra.

1. Confía en ti

Cree en ti, en tu potencial, en lo que eres capaz de lograr. Todo eso que tienes adentro: sácalo. En alguna ocasión hablaba con mi hijo mayor; él tiene una capacidad impresionante para cantar. Es muy bueno, tiene una voz extraordinaria, y no lo digo porque sea mi hijo, los maestros me lo dicen, tiene un don para la música. Le dije: "Hijo, tú tienes un brillo en esa voz, no lo apagues, no lo escondas, haz que brille, yo sé que a veces te da miedo, te da pena, pero haz que brille. La gente necesita por alguna razón tu voz, por alguna razón tienes ese don, esa capacidad. Haz que brille tu voz".

1

Lo mismo te pido a ti, confía en ti para hacer brillar tu vida, tu negocio, lo que haces día con día, esas fortalezas, esos talentos que tienes, haz que brillen, que el miedo, la inseguridad, las creencias no te detengan. Haz que tus capacidades brillen, brilla por ti mismo, sé una estrella, una vela que da su propio brillo. Confía en ti mismo.

2. Sueña en grande

Siempre ve hacia adelante, sueña en grande, no pienses en pequeño; eso de nada sirve, cuesta lo mismo soñar en grande que soñar en pequeño.

Sueña en grande, cree en ti, confía en ti, confía en el potencial que tienes. A lo mejor por la falta de confianza en ti mismo no lo has descubierto, entonces sigue soñando en grande.

3. Sé congruente

Sé congruente con lo que dices y con lo que haces, porque si tú hablas de sueños en grande y luego no haces lo necesario para lograrlos, no estás siendo congruente en tu vida. Cuando no eres congruente, no importa si engañas a los demás, lo más importante es que tú sí te vas a dar cuenta. A ti mismo no podrás engañarte.

Puedes ser incongruente, algunas veces todos lo hemos sido, pero a nosotros mismos no nos podemos engañar.

4. Toma acción

Toma acción en todos tus sueños y objetivos, en todo lo que quieres lograr, toma acción, si no tomas acción no vas a lograr nada. Da el primer paso para seguir avanzando, recuerda que sin acción no hay resultado. Primero lo soñamos, pero si no actuamos, si no nos movemos, no vamos a avanzar. Y no hablo solo de los aspectos físicos, toma acción también mental y espiritualmente para crecer, para lograr todo lo que te propongas. Toma acción.

5. Contribuye con los demás

Sirve a los demás, da valor agregado a la vida de los que te rodean. Puede ser a la vida de tus familiares, de tus compañeros, de tus amigos o de tu equipo de trabajo, en la empresa que estás creando, contribuye con los demás.

Al decir contribuir no solo me refiero con dinero, colabora con algo que sepas, con algo en lo que apoyes, pero asiste a los demás, eso te va a hacer sentir verdaderamente contento. Contribuir con tu prójimo te va a proporcionar una satisfacción enorme.

6. Sé agradecido

Sé agradecido con la vida, por lo que tienes. Créeme, a veces nos quejamos de lo que tenemos, de lo poco que tenemos, pero quiero que voltees a ver a muchas otras personas. Hoy tú estás leyendo, quizá desde tu celular o en una computadora, ¿cuánta gente no tiene ni celular ni computadora?

Entonces, sé agradecido con todo lo que tienes, con la posibilidad de vivir, con la posibilidad de respirar, de triunfar y con la libertad que nos han dado en este mundo para tomar las decisiones que nosotros queramos. Esa libertad que tenemos hay que agradecerla; con ella nosotros podemos decidir si queremos triunfar o no.

7. Todo lo que hagas, hazlo con pasión

Sea lo que sea, si vas a hacer de desayunar, si vas a hacer de comer, si vas a trabajar, hagas lo que hagas, hazlo con pasión. De esa forma te va a salir mejor y vas a lograr esa obra maestra que quieres de tu vida.

Te repito los siete pasos para hacer de tu vida una obra maestra:

Paso 1: Confía en ti mismo

Paso 2: Sueña en grande

Paso 3: Sé congruente

Paso 4: Toma acción

Paso 5: Contribuye con los demás

Paso 6: Sé agradecido

Paso 7: Todo lo que hagas, hazlo con pasión

Gracias por creer y confiar en ti, por querer ser mejor, por superarte, por querer triunfar. Gracias por darme la oportunidad de estar contigo, de poner ese granito de arena y por darme la oportunidad de entrar en tu vida

5 preguntas que cambiarán tu vida

Vamos a descubrir cinco preguntas que van a cambiar tu vida. Las preguntas son poderosísimas porque nos generan respuestas. Una sesión de coaching, por ejemplo como yo las trabajo, son sesiones de muchísimas preguntas, son mucho más que decirte qué hacer y cómo hacerlo. Es hacerte preguntas para sacar lo mejor de ti, para que con base a tu experiencia, a tu forma de ser y a tu estilo puedas lograr todo lo que quieras precisamente por el poder de las preguntas. Porque es mucho más factible que tú encuentres las soluciones a tus problemas, a tus situaciones y a la situación de tu negocio o de tu vida a que las encuentre alguien más. Muchas veces llega la gente conmigo y quiere que le diga qué hacer. A ver, ¡espérame tantito! Yo no conozco tu vida al 100 %, yo no conozco tu vida ni tu negocio al 100 %. Tú eres el experto en tu vida y en tu negocio, yo soy un experto en sacar lo mejor de ti y eso es lo que hago en mis sesiones; hacer preguntas, pero hacer las preguntas correctas en el momento correcto y con la persona correcta para potencializar tu desempeño y que logres todo lo que quieras. Igual lo hago en mis conferencias a las cuales diseñé, llamé y registré como "Coachferencias" porque son conferencias donde hago muchas preguntas, preguntas enfocadas en sacar lo mejor de la gente. Te pido que te hagas constantemente preguntas para que tú obtengas tus propias respuestas.

Mi manual de conferencia, *Personal del éxito*, es precisamente un manual lleno de preguntas, una conferencia fantástica donde la gente sale emocionada porque se llevan su propio manual personal para el éxito. Preguntas, preguntas, preguntas, son las que te debes de hacer y hoy te voy a dar cinco de ellas que te van a cambiar tu vida.

Ahora quiero que sepas que estas preguntas que te voy a decir son tan sencillas que vas a decir: "Ricardo, no hombre, pues eso está bien fácil", pues bueno así de fácil es cambiar tu vida, así de fácil, con preguntas simples; porque las preguntas nos reenfocan, las preguntas nos concentran en lo que queremos o en lo que no queremos, dependiendo de qué te estés preguntando.

1) **La primera pregunta es**: "¿Para qué me levanté el día de hoy?" Tu responderás: "Pues para trabajar, para chambear, para traer la papa a la casa." No, no, no. ¿Para qué me levanté el día de hoy? Eso va a reenfocar tu día por completo. Le va a dar una razón y un objetivo a tu día.

¿Sí estás de acuerdo conmigo, verdad? Porque te va a cambiar el día desde la mañana.

2) **La segunda pregunta.** Cuando tenemos problemas, situaciones que no podemos resolver o donde no encontramos una solución, momentos donde nos encontramos pensando y pensando y pensando; seguro ya has repasado todas las posibilidades y según tú, crees que ya encontraste todas las opciones… Por más que hayas intentado todo, siempre hay una solución. Quizás todavía no la has encontrado, pero ahí está la solución. Y esta pregunta yo la hago muchísimo en mis sesiones de coaching: "¿Qué

opciones tengo que no he considerado?" Cuando estás aturdido porque ya no sabes dónde, cual o qué tipo de decisión debas tomar para cualquier problema, situación o preocupación que no sepas cómo resolver porque ya la buscaste, ya intentaste según tú todas las opciones; quiero que te hagas esta pregunta así tal cual como te la estoy diciendo: ¿Qué opciones tengo que no he considerado? Si te fijas, la misma pregunta te está diciendo y afirmando que tienes opciones y que no las has considerado. No es: ¿Qué más puedo hacer? No, ¿qué opciones tengo que no he considerado? Hazte estas preguntas. Cuando yo se la hago a mis clientes es impactante cómo salen respuestas de la nada. Es muy potente esa pregunta.

3) **La tercera pregunta.** "Si estuviera 100 % seguro de que voy a lograr mi sueño o mi meta ¿Cuál es el primer paso que debo dar hoy?" ¿Ok? Si estuviera 100 % seguro de que voy a lograr mi sueño o mi meta ¿Cuál es el primer paso que debo dar hoy? Esa pregunta es mágica porque elimina miedos, porque ya estás 100 % seguro de que lo vas a lograr, entonces, ¿qué hago? Pues le doy. Oye Ricardo, es que quiero empezar mi negocio pero tengo muchos miedos. No sé, no quiero perder dinero ¿Cómo le voy a hacer? Tengo una familia, tengo hijos ¿Cómo le hago? Si yo ahorita te digo: ¿Sabes qué? Imagínate que saco una varita mágica y te digo: "No te preocupes en un año vas a ser millonario, pero tienes que hacer esto, esto y esto" ¿Qué me dirías? ¿Te lanzas o no te lanzas a crear este negocio? Claro que te lanzas porque ya estás seguro que con la varita mágica "voy a ser

millonario". Cuando ya estás seguro de algo pierdes los miedos. Entonces, aquí lo que quiero es que encuentres cuál es el primer paso que debes de dar sabiendo que vas a lograr ese objetivo.

4) **La cuarta pregunta.** ¿Hasta cuándo me van a detener mis miedos? Ahora lo importante de estas preguntas es que las respondas. Si nada más te las haces y no las respondes, pues no van a cambiar tu vida, van a cambiar tu vida en el momento en que tú las respondas. ¿Hasta cuándo me van a detener mis miedos? Tus miedos, tu responsabilidad, tu decisión. Tú lo superas o no lo superas, todo depende de ti. Los miedos son lo que nos detienen para lograr nuestros sueños y nuestros objetivos y a veces, o bueno, el 99 % de las veces, los miedos están solamente en nuestra mente. Cuando llega alguien conmigo y dice "Ricardo esto lo voy a intentar". ¿Cómo que lo vas a intentar? Si me estás diciendo que lo vas a intentar es que no lo vas a hacer o no traes ganas o no estás dispuesto o no estás 100 % convencido, pero si tú me dices que voy a obtener 10 citas la próxima semana para vender mi producto, lo voy a vender. Ricardo es que lo voy a intentar. ¿Cuál "Lo voy a intentar"? O sí o no.

5) **La quinta pregunta.** ¿Qué fue lo que aprendí el día de hoy? Esta pregunta es para las noches: ¿Qué fue lo que aprendí el día de hoy? Respóndela.

Te voy a repetir nuevamente las 5 preguntas que cambiarán tu vida:

1- ¿Para qué me levanté el día de hoy?

2- ¿Qué opciones tengo que no he considerado?

3- Si estuviera 100 % seguro de que voy a lograr mi sueño o mi meta, ¿cuál es el primer paso que debo dar hoy?

4- ¿Hasta cuándo me van a detener mis miedos?

5- ¿Qué fue lo que aprendí el día de hoy?

Espero que estas preguntas te ayuden a cambiar tu vida, a aumentar tu éxito y a ser mejor cada día.

Cambia tu chip a positivo en cinco pasos

¿Cuántas veces hemos escuchado esta frase: "Quiero cambiar el chip"? En estos tiempos en que la tecnología juega un importante papel en nuestras vidas, cambiar el chip significa cambiar tu mentalidad, la forma de pensar y la dirección hacia donde estás viendo.

En esta sección te explicaré cómo cambiar tu chip con cinco sencillos pasos. Te ayudarán a que sustituyas el chip negativo por uno positivo, o si ya tienes un chip positivo, a que te mantengas con él, porque lo que todos queremos es crecer, mejorar, superarnos día a día. Queremos ser positivos en nuestro negocio, en nuestra carrera como emprendedores, empresarios, dueños de negocios, vendedores o como trabajadores de alguna empresa, en todos estos casos es importante mantenerse positivo.

Ya sé que lo repito muchas veces, "positivo, positivo, positivo", y lo repito precisamente porque es importante, porque tiene que quedar bien incrustado en tu mente el ser positivo. De nada te sirve ser negativo. ¡Claro! Te podrá traer algunos beneficios como que alguien se te acerque, te abrace y te diga: "Ay, pobrecito (o pobrecita)", pero estos serán los únicos beneficios que te dejará ser negativo.

En cambio, si eres constante en tener pensamientos positivos, ellos te van a llevar a lograr tus metas o tus objetivos personales y profesionales. ¿Tú qué quieres hacer? ¿Te quieres quedar como estás o quieres actuar, cambiar el

11

chip y lograr todo lo que quieres? Te voy a compartir los cinco pasos para cambiar tu chip a positivo.

1. Identifica y acepta que estás pensando negativo

Cuántas veces decimos: "Es que no estoy pensando de forma negativa, estoy pensando realistamente". Una cosa es ser realista y otra muy diferente es repetir con frecuencia que las situaciones son difíciles, que no has podido o que no se ve con claridad cierto asunto. Identifica y acepta que estás pensando negativamente. Cuando lo aceptes y lo hayas identificado, en ese momento empezarás a cambiar.

2. Encuentra lo positivo de la situación en la que estás

En cualquier situación que te encuentres, detecta lo positivo y no lo negativo. Si puedes, realiza un desglose, escribe todas las cosas positivas de la situación en la que estás.

Podrás encontrarte en un momento en el que tu negocio no tiene las ventas que quieres y preguntarte: "¿Cómo se puede cambiar el chip de negativo a positivo si no estoy vendiendo?" En una situación así, ¿qué es lo positivo? Que puedes vender más, que estás aprendiendo que lo que estás haciendo no funciona para ti.

¿Qué más? Busca, encuentra. Lo que quiero es que localices lo positivo de la situación en la que te encuentras.

3. Define tres palabras que te recuerden pensar positivamente y que digas todos los días.

Deben ser tres palabras que te recuerden ser positivo. Cada quien podrá tener sus propias palabras. Cuando estés pensando negativamente, repite para ti mismo esas tres palabras.

Las tres palabras te ayudarán a recordar todos los días a pensar positivamente. Usa las palabras que quieras, pueden ser palabras inventadas por ti o pueden ser palabras tan sencillas como "éxito, positivismo, metas, objetivos". Como tú quieras: usa lo que a ti te motive.

Hay palabras que nos hacen vibrar o crecer: cada quien tiene las suyas. Encuentra esas tres palabras y dilas diariamente. Si no las encuentras, inventa unas que te hagan entrar en un estado positivo, hacerlo te ayudará a cambiar el chip negativo, a dirigir tu mirada hacia cosas positivas.

Define esas tres palabras que te vas a decir diariamente y te recordarán pensar positivamente.

4. Evita conversaciones negativas

Y, sobre todo, evita las conversaciones negativas que tú propicias. A veces no nos damos cuenta, pero nosotros mismos somos quienes iniciamos conversaciones negativas y luego terminamos culpando a los demás, diciendo que los otros siempre están pensando negativamente.

Evita esas conversaciones: si estás con alguien que se expresa negativamente, cámbiale el tema, párate y ve a otro sitio. Evita a personas negativas.

5. Pregúntate: "¿Cuándo me siento mejor, cuando estoy positivo o cuando estoy negativo?"

Pregúntatelo en este momento y respóndete. Ya sé cuál fue tu respuesta, esa respuesta te impulsará a seguir siendo positivo. Si ya sabes que te sientes mejor cuando piensas de una forma, síguelo haciendo, no es difícil. Recuerda: lleva el mismo esfuerzo pensar positivamente que pensar negativamente, ¿cuál escoges?

Las dos requieren el mismo esfuerzo, una manera de pensar te llevará al éxito y la otra, posiblemente, te lleve al fracaso. Tú decides.

Acuérdate: hay que cambiar los problemas por retos. "¿Cómo voy a superar esta situación?", me preguntan con frecuencia. Hay gente que me dice: "Tengo este problema" y yo respondo: "Espérame, tienes esta situación". Y concluyen: "Sí, es cierto, tengo esta situación". Así, automáticamente, desapareció el problema y se convirtió en una situación que hay que resolver.

Enfócate en cambiar esa mentalidad, la mentalidad te llevará a donde quieras. Recuerda: para llegar a una meta o a un objetivo, el 80 % tiene relación con la psicología, con nuestra mentalidad y hacia dónde nos estamos enfocando, solamente el 20 % tiene relación con el conocimiento, por eso es tan importante trabajar con nuestra psicología.

Si en tu empresa tienes gente a tu cargo, trabaja con su psicología, busca la forma para que escuchen o lean cosas como el presente libro, artículos de motivación. Trabaja con la psicología de las personas porque representa el 80 % de los buenos resultados, ¿qué te cuesta?, ¿positivo o negativo?

Repetiré los cinco pasos para cambiar tu chip de negativo a positivo. Siguiéndolos, lograrás cambiar tu mentalidad, forma de pensar y de afrontar los retos que se te presentan todos los días:

Paso 1: Identifica y acepta que estás pensando negativo.

Paso 2: Encuentra lo positivo de la situación en la que estás.

Paso 3: Define tres palabras que te recuerden pensar positivamente y que digas todos los días.

Paso 4: Evita conversaciones negativas.

Paso 5: Pregúntate: "¿Cuándo me siento mejor, cuando estoy positivo o cuando estoy negativo?"

Espero haber puesto un granito de arena para aumentar el éxito en tu vida personal y profesional. Debes buscar siempre mejorar tu psicología y tu mentalidad constantemente, porque ahí está el éxito.

Descubre cómo obtener mayor seguridad en ti mismo

Si hoy en día las personas no logran lo que se proponen, muchas veces es porque no confían en sí mismas. Esa es la razón principal por la que muchas personas fracasan. Si no confías en ti, si no crees en ti, ¿quién más lo va a hacer? Pero existen cinco sencillos pasos para que, de forma rápida, obtengas mayor seguridad en ti mismo.

Algunos afirmarán: "Tengo muchos años de no confiar en mí, no creo en mí". Bueno, te aseguro que, si haces realmente estos cinco pasos, si realizas cada uno de ellos, aumentarás la confianza en ti mismo y con eso te ayudarás para avanzar hacia tus metas, tus sueños, tus objetivos, porque lo que queremos es crecer, superarnos. Yo quiero que tú lo hagas, ¿de qué forma? Buscando estrategias.

1. *Pide a cinco personas que escriban cinco cualidades tuyas*

Haz una lista de cinco personas que te aprecian, a quienes tú aprecias y respetas, y pídeles por favor que escriban cinco cualidades positivas que ven en ti.

Primero escribe la lista con los nombres de cada uno y después llámalos, mándales un correo o un mensaje pidiéndoles que te escriban esas cinco cualidades. Las personas a quienes pedirás el favor, deben ser personas de tu entera confianza y a quienes de igual modo admires.

2. Haz una lista de todos tus logros

El punto número dos es hacer una lista, tan larga como puedas, de todas las cosas que has logrado en el pasado. Pueden ser cosas muy importantes o sencillas.

Por ejemplo, puede ser que ganaste el premio nacional de matemáticas o que ideaste una receta para hacer una comida muy rica. No importa si es muy importante o sencillo, escribe todos tus logros, todo lo que se te venga a la mente. Siéntate y escribe tu lista, te darás cuenta de que son una infinidad de cosas las que has hecho.

A veces uno no ve que cada paso que damos es un logro, ¿por qué? Porque estamos ansiosos, estamos esperanzados en tener muchísimo dinero. Y lo sabemos, no es el único éxito, hay muchas maneras de ser exitoso.

Tan sencillo como un niño pequeño que se levanta y da su primer paso, su segundo paso, su tercer paso, cada paso es un logro. Por eso quiero que escribas todos los logros que recuerdes.

3. Identifica qué es lo peor que puede pasar si tomas acción

Pregúntate a ti mismo qué es lo peor que te puede pasar si tomas acción para lograr esa meta o ese sueño que tienes en mente. ¿Qué es lo peor que puede pasar?

Te vas a dar cuenta de que lo peor que puede pasar es que te quedes como estás, eso es lo peor que puede pasar. Entonces evita el miedo, confía más en ti, siéntete más seguro, ¿por qué? Porque lo peor que puede pasar no es algo catastrófico.

4. Diseña una frase que diga aspectos positivos de ti

Crea una frase de entre diez y treinta palabras. La repetirás constantemente, todos los días y durante todo el día. Debe ser una frase que diga cosas buenas de ti mismo.

Puedes decirte, por ejemplo: "Soy una persona extraordinaria y puedo lograr lo que quiero", "Todos mis sueños los vuelvo realidad", "Siempre que me ponga una meta, vuelvo mi sueño realidad". Piensa esa frase con la que tú te motives diariamente a ti mismo; colócala en diferentes lugares donde la leas todos los días para que tú mismo te estés repitiendo, repitiendo y repitiendo lo importante que eres, la persona extraordinaria que eres, lo capaz que eres, y todo lo que puedes lograr.

5. Si supieras que lograrás todo lo que te propones, ¿cuál sería tu primer paso?

Responde esta pregunta: Si estuvieras cien por ciento seguro que lograrás lo que te propones, ¿cuál sería el primer paso que darías?

Es una pregunta muy interesante y no hay un siguiente paso. El siguiente paso, que sería el sexto, es tomar acción. Tomar acción ahora que ya tienes estos cinco pasos para obtener seguridad en ti mismo rápidamente, lo puedes hacer de forma muy sencilla y en poco tiempo obtendrás esa seguridad que te llevará más lejos, que te hará crecer, superar tus miedos y lograr tus sueños.

Repasemos los cinco pasos para obtener seguridad en ti mismo rápidamente:

Paso 1: Pide a cinco personas que escriban cinco cualidades tuyas.

Paso 2: Haz una lista de todos tus logros.

Paso 3: Identifica qué es lo peor que puede pasar si tomas acción.

Paso 4: Diseña una frase que diga aspectos positivos de ti.

Paso 5: Si supieras que lograrás todo lo que propones, ¿cuál sería tu primer paso?

Espero de todo corazón que estos cinco pasos te ayuden a aumentar tu éxito, que haya contribuido para que tu corazón, tu mente y tu alma crezcan, te superes y confíes más en ti. Yo creo en ti, creo que eres capaz de lograr lo que propongas, no hay razón por la que no puedas. Todo es posible: recuerda, todo es posible. No nos basemos en las probabilidades, basémonos en las posibilidades y tú hoy puedes cambiar tu rumbo, puedes cambiar tu vida y lograr tus sueños.

Conócete a ti mismo para triunfar

Desde hace tiempo, cada vez que uno de mis hijos pasa frente al espejo les preguntó qué ven. Cada uno responde cosas diferentes, pero yo termino diciéndoles que vean a una persona exitosa, feliz y saludable.

Hay muchas cosas que trato de inculcarles a mis hijos, trato de enseñarles algo de esta oportunidad que me ha dado la vida de apoyar a tantas personas. Pero primero debemos apoyarnos a nosotros mismos y a nuestras familias, es lo que intento con mis hijos.

Cada que tengo oportunidad les pido que sean más inteligentes, que se esfuercen por crecer y que se atrevan a hacer cosas grandes. Te invito a que lo hagas con tu familia, no solamente en el trabajo. Sé que es muy importante el crecimiento de tu negocio y tus proyectos; sin embargo, es importante que la persona que esté cerca de ti esté motivada, inspirada y que quiera crecer. Eso te va ayudará a ti mismo a avanzar y a ser mejor cada día.

En este capítulo hablaremos de la importancia de conocerte a ti mismo, de que cuando te veas al espejo te digas cosas positivas que te ayuden a triunfar, a ser mejor, más inteligente y a creer en ti mismo.

Cuando te pares frente al espejo, primero ve lo que eres y después trata de ver lo que quieres ser. Es común que te veas en el espejo y comiences a decirte cosas negativas; si haces esto jamás vas a crecer o mejorar. Es importante que te empieces a decir cosas positivas para triunfar, para ganar y mejorar todos los días. Te compartiré siete puntos que van a ayudarte a conocerte a ti mismo:

1. Pregúntate ¿qué te gusta hacer?

¿Qué quieres hacer de tu vida, de tu negocio, qué quieres hacer, qué te gusta hacer? Encuentra la respuesta. Algunas personas me dicen "debo trabajar, no puedo hacer todo el tiempo lo que me gusta", estoy de acuerdo. En mi caso, mi profesión me apasiona, me encanta apoyar a las personas, dar conferencias para apoyar a la gente, aunque existen algunas cosas que me cansan y no me gustan; por ejemplo, no me gusta estar esperando en los aeropuertos y que se retrase un vuelo, me gusta mucho cuando salen nuevos contenidos para conferencias, pero al mismo tiempo cansa.

Hay muchas cosas detrás de lo que queremos lograr, nada es mágico, pero recuerda que nosotros decidimos cómo vemos la vida, cómo actuamos y enfrentamos las circunstancias. Por ejemplo, hace unos días me tocó esperar bastante tiempo en un aeropuerto, llegó el momento en que me sentí harto de seguir ahí, pero luego pensé: "Estoy haciendo lo que me gusta, voy a dar una conferencia que me encanta". Ese tipo de cosas son las que debemos hacer, lo que nos gusta, porque esas actividades nos impulsarán a ser mejores.

2. ¿Qué talentos o habilidades posees?

Detecta en ti las habilidades o talentos que te ayuden a ser mucho mejor. Encuentra los talentos y habilidades que posees. ¿Por qué?, precisamente porque eso te va a ayudar a salir adelante, a sacar lo mejor de ti y a ser cada día mejor.

3. ¿Cuáles son tus razones o motivos para lograrlo?

Recuerda que cuando tienes una razón fuerte vas a avanzar más. Esa razón, ese motivo que te ayuda a salir adelante. ¿Por qué? Porque cuando tienes una razón realmente avanzas. Haz las siguientes preguntas: ¿cuáles son tus propósitos?, ¿por qué te mueves?, ¿cuál es tu verdadera inspiración?, ¿qué hace que te levantes todas las mañanas para lograr tus metas y tus objetivos?

4. ¿Cuál será tu primer paso?

Recuerda: la acción. Lo que quiero es que actúes, no que te quedes esperando y viendo tus sueños. De nada vale que digas: "Sí, sé cuáles son mis talentos, mis habilidades, ya sé cuáles son mis razones, mis motivos", y que no actúes. Hay que dar el primer paso, recuerda: para llegar a la cima de una escalera de mil escalones, tienes que empezar por el primer escalón. Eso es lo que te pido: da el primer paso en cualquier decisión que vayas a tomar. Recuerda que una decisión no está tomada mientras no tomes la acción necesaria para avanzar rumbo a ese objetivo o esa meta. ¿Qué debes hacer para seguir adelante y conseguir tus objetivos? Responde para ti la pregunta que siempre hago: Si estuvieses 100 % seguro de lograr tus metas, ¿cuál sería tu primer paso?

5. ¿Con quién te puedes apoyar?

Recuerda que es muy importante apoyarte con alguien que crea en ti, que confíe en ti, que te ayude a avanzar. ¿Para qué? Para que sea como un espejo y te haga ver cosas que tú no ves, debe ser una persona positiva que crea en ti, no busques gente negativa que no te va a ayudar a crecer. Encuentra quién te va a apoyar para lograr tus metas y objetivos.

6. ¿Qué estás dispuesto a hacer o dejar de hacer para lograr tus metas?

¿Quieres tener un cuerpo extraordinario? Bueno. ¿Estás dispuesto a ir todos los días al gimnasio? ¿Estás dispuesto a dejar de comer dulces, dejar de comer alimentos que no te nutren? ¿Estás dispuesto a tener muchas citas para vender más, para avanzar y hacer crecer tu negocio? La voluntad es parte de este punto.

7. ¿Cuál es tu principal área de oportunidad para crecer?

¿Dónde puedes crecer, mejorar y superarte diariamente? Encuentra esas oportunidades, enfócate en tus fortalezas y piensa en las oportunidades que puedes tomar para crecer.

Gracias por leer este capítulo, deseo de todo corazón que estas palabras sean mi granito de arena para ayudarte en lo mental, lo emocional y que día a día crezcamos juntos.

Las preguntas que te ayudarán a dar el primer paso

Te sientes preparado y tienes planeado todo para comenzar un sueño, pero no lo haces. Te preguntarás qué te pasa, por qué no lo empiezas. Lo único que te pasa está en tu mente. Esa situación que no te ha permitido dar el primer paso para lograr el éxito que te mereces y que quieres está en tu mente, es lo único que te detiene. Probablemente no estás dispuesto a hacer lo necesario para lograr esas metas, sueños u objetivos. En este capítulo revisaremos algunas preguntas que te harán reflexionar para que realmente avances en tus objetivos.

Empieza, inicia tu camino, da el primer paso, no importa si éste no es 100 % firme, pero avanza. Si el suelo está un poco débil no pasa nada, da otro paso rápido y averigua si el siguiente tramo del piso está firme. Imagínate que vas caminando y llegas a un lugar donde hay mucho lodo porque hace poco llovió, no sabes si el suelo estará firme o te vas a hundir. Te da miedo porque no sabes si te vas a ensuciar, si el piso te sostendrá, tienes incertidumbre de si vas a avanzar o no, pero si te arriesgas y das el primer paso te puedes llevar algunas sorpresas: una puede ser que no hay lodo, la tierra esté firme y puedes seguir caminando sin problema, aunque haya tramos en que el suelo esté débil y te desequilibres un poco; o puede ser que al dar el primer paso te hundas y te llenes de lodo, pero sigues avanzando buscando sostenerte y encontrar suelo más firme.

Aquí el reto es dar el primer paso, luego de darlo solo te queda avanzar. Me pasó a mí cuando di mi primera conferencia, mi primera sesión de *coaching* o cuando grabé mi primer *podcast*. Al principio me preguntaba cómo lo haría, dudaba de hacerlo y pensaba que me equivocaría, pero di el primer paso y hoy tengo cientos de episodios de mi *podcast* *"Aumenta tu Éxito"*. Da el primer paso y luego irás sabiendo cómo avanzas, mejoras, creces y cambias. Si hoy escuchamos mi primer *podcast,* se escuchará muy diferente al último que he grabado, mi entusiasmo, forma de hablar y voz cambiaron.

Para avanzar, anota y hazte las siguientes preguntas:

1. ¿Hasta cuándo voy a estar listo?

2. ¿Cómo me voy a sentir si no inicio hoy?

3. ¿Qué tan grande es mi miedo que es capaz de arrebatarme el sueño de triunfar?

4. ¿Cómo avanzaré si no estoy dispuesto a triunfar?

5. ¿Qué necesito hacer para iniciar hoy?

6. ¿Cómo me voy a sentir cuando alcance mi meta y logre el triunfo?

Responderte a las preguntas anteriores te ayudará a dar el primer paso. Debes hacerlo por escrito y con el mayor detalle. Son preguntas que te harán reflexionar sobre ti mismo. Espero que te apoyen para que inicies hoy mismo.

Mente plena o *mindfulness*

Descubre cómo lograr una atención plena. Una tarde que caminaba con mi hijo en un parque, me vino a la mente algo impresionante. Yo pensaba en estrategias, ideas, pendientes, compromisos, muchas cosas que traía en la cabeza, de cómo apoyar a mis clientes, en eso mi niño comenzó a decirme: "Mira, papi, está bien padre esa bicicleta. Mira el perrito que está allá, me gusta. Mira el árbol ese que está muy chueco". Me gritaba todo lo que estaba viendo.

En ese momento tomé conciencia y me pregunté ¿cómo era posible que yo estaba en el parque con mi hijo y no lo estaba disfrutando? Estaba ahí físicamente, pero mentalmente no, no disfrutaba el momento. A diferencia de mi hijo, que estaba disfrutando todo lo que veía.

¿Has visto cómo disfrutan los niños el momento? Realmente están ahí, están en el aquí y el ahora, con una atención plena en lo que están haciendo y disfrutando cada instante. Por lo general, los adultos no estamos en el aquí y el ahora, estamos físicamente, pero nuestra mente está en otra parte.

Mi hijo veía las flores, las mariposas, los animales del parque, mientras yo pensaba en los compromisos, en las estrategias, en las ideas de cómo crecer el negocio, de cómo mejorar o cómo vender más y no estaba en ese momento.

Te compartiré cinco estrategias para disfrutar el momento o *mindfulness*, como se dice en inglés. Se trata de disfrutar el instante, cada paso, cada respiración que das, que no se te olvide vivir el presente.

La tecnología ayuda mucho a hacernos perder el tiempo. No es posible que estés con un grupo de amigos y que al mismo tiempo estés en el celular, en el chat hablando con otros amigos. ¡Qué falta de respeto para las personas que están frente a ti! Lo peor es que los que están frente a ti están igual con el celular. Qué lástima que nos suceda eso y digo "nos suceda" porque a mí me sucede y me da mucho coraje. Cuando me doy cuenta, guardo el celular.

Cuando logras cambiar esos patrones, empezarás a disfrutar el aquí y el ahora, porque realmente te puede cambiar la vida ya que estarás viviendo y disfrutando el momento.

Qué importante es estar en el aquí y el ahora. El famoso *multitasking* en que se supone podemos hacer varias cosas a la vez no funciona: no disfrutamos lo que hacemos. Por eso es indispensable bloquear en nuestra agenda los momentos en los que vamos a hacer cosas importantes, para que nada te distraiga. Estos cinco puntos que te comparto son para mantenerte con una mentalidad enfocada en el momento presente.

1. Decide el orden de las actividades que harás en el día

Cuando tú te comprometas contigo mismo y definas cómo va a ser tu día, será más sencillo concentrarte en la actividad que realices, porque si estás haciendo una actividad y tienes otras en mente, no estarás trabajando al 100. Tu mente irá de un pensamiento a otro, no podrás enfocarte completamente y no actuarás de manera correcta y esto no nos ayuda a mejorar nuestra productividad.

Decide el orden de las actividades que harás en el día. Cuando estés en la actividad dos, no te preocuparás por la actividad cuatro, porque ya sabrás que llegará el momento de realizar la actividad cuatro.

2. Cuando estés haciendo una actividad importante elimina todos los distractores posibles

El celular, los mensajes, Facebook, Twitter, etcétera. Si hay una persona que puede entrar a tu oficina o a tu lugar de trabajo, pídele a esa persona que no te distraiga en ese horario, elimina todas las distracciones posibles.

Con tantos factores que nos distraen es difícil enfocarnos; nos distraemos, nos concentramos, nos volvemos a distraer, por eso no terminamos de hacer las cosas correctamente. Entonces, cuando estés haciendo una actividad importante, elimina todas las distracciones.

3. Enfócate en hacer sólo una actividad a la vez y termínala

No lo dejes a la mitad y luego empieces a hacer otra. Y así con la próxima, la empiezas a hacer y la dejas a la mitad, y así vas formando una cadena de actividades a la mitad.

Por supuesto, al hacer las cosas así no te van a quedar bien. Lo vas a hacer todo a medias y eso te genera estrés, miedo, incertidumbre, falta de control de lo que estás haciendo, de tus actividades. Elimina todas las otras tareas que no sean lo principal en ese momento.

4. Cierra tus ojos y haz tres respiraciones

Un método para que empieces a hacer tus actividades importantes es cerrar los ojos y hacer tres respiraciones lentas y profundas.

Te ayudará a concentrarte en esa actividad, para que no voltees a ver otras tareas sino sólo el trabajo que vas a hacer en este momento y que estés de cierta forma tranquilo o tranquila para hacerla de la mejor manera.

Durante el día, cada 90 minutos me levanto, salgo a tomar aire. Antes me salía, agarraba aire y seguía pensando en estrategias, en ideas, en nuevos productos, nuevos servicios. Ahora cambié; ahora lo que hago es que me salgo a tomar aire, pero disfruto el momento, las plantas, cada paso que doy, estoy ahí en ese momento preciso, disfrutando de la libertad de estar afuera en el aire libre, respirar tranquilamente, sentir todo eso. Tener una atención plena, una mente enfocada en todo lo que hago.

5. Concéntrate y comprométete a dar lo mejor de ti

Es muy frecuente que estemos con una persona que nos está contando algo y realmente no le prestamos atención, estamos pensado en otra cosa, en un pendiente. Puede ser con alguien de nuestro equipo, algún familiar, un hijo. No estar ahí se nota y se siente. Aunque estés ahí físicamente, los niños y los adultos se dan cuenta cuando los estás escuchando activamente o simplemente estás ahí pensando en otra cosa.

Estos cinco tips te van a ayudar a mantenerte con una mentalidad enfocada en todo momento, en lograr una mente plena.

Aplica las siete técnicas para reducir el estrés

Alteración en la conducta, ansiedad, boca seca, cansancio excesivo, dolores de cabeza, dolor o tensión muscular, dificultad para concentrarse, diarrea, problemas alimenticios, problemas para conciliar el sueño, problemas en la piel como acné, problemas sexuales, entre otros, son algunos de los síntomas del estrés.

Pero ¿qué es estrés? Todo es estrés, a todo le llamamos estrés ahora, es una palabra que ya nos da miedo, te duele la cabeza y tienes estrés, tienes la boca seca y tienes estrés, tienes ansiedad y tienes estrés. ¡Entonces ya para todo estamos estresados! Vas con el doctor y te dice que es un síntoma del estrés. Todo es estrés. Entre más utilicemos esa palabra en nuestro vocabulario más estresados nos vamos a sentir, o sea que nos vamos a sentir peor. Pero, ¿hasta cuándo y qué debemos hacer para lograr evitar esa situación? Quiero compartirte siete técnicas que puedes utilizar para reducir el estrés.

Muchas personas se preguntan: "¿Cómo puedo reducir el estrés?". Lo primero que haremos es eliminar la palabra "estrés". Tienes una situación con una venta y es estrés, tienes un problema con una compra y es estrés, tienes una situación con tu familia y es estrés, todo nos estresa, pero en realidad es que hemos utilizado este término tanto, que la palabra en sí ya nos produce una sensación incómoda, así que vamos a evitarla.

1. Meditación

Hay algo que muchas personas conocen, pero que no lo hacen. Seguramente has escuchado mucho sobre la meditación. ¿Qué es la meditación? Mucha gente no ve la meditación de buena manera, ya que consideran que no es un término religioso o que va en contra de Dios.

La meditación simplemente es hablar contigo mismo, respirando y sintiendo cada vibración, cada latido de tu corazón en un momento de relajación. No tiene nada que ver con culturas, religiones, creencias e ideologías, es simplemente estar a solas contigo mismo. Practicarla te da una paz y una tranquilidad impresionantes.

Si logras meditar al menos quince minutos todos los días, créeme, tu nivel de estrés se va a reducir. Al regular tu respiración, los latidos del corazón se relajan y estás más consciente de lo que debes hacer y del momento que estás viviendo. Utiliza la meditación para ayudarte a reducir los niveles de preocupación que te están afectando y que llamamos "estrés".

2. Haz ejercicio diariamente

¿Cómo te sientes cuando dejas de hacer ejercicio? Seguramente te excusas que no lo haces porque estás muy estresado y no te sientes bien, pero cuando te ejercitas todo cambia. Te excusas pensando que si haces ejercicio estarás más cansado y con mucho dolor muscular, pero ese cansancio es diferente, porque al hacer ejercicio eres más productivo, piensas mejor y estás más activo durante el día.

Haz algo para moverte, que se mueva tu circulación, que oxigenes el cuerpo para sentirte mejor.

3. Define tu día y enfócate en las actividades más importantes

Cuando tienes claro lo que debes hacer durante tu día, simplemente saberlo te da mayor tranquilidad. Tenemos tantas cosas pendientes en nuestra mente que si no las apuntamos y no definimos qué vamos a hacer en el día, nos genera estrés. ¿Por qué? Porque no saber lo que va a pasar provoca inestabilidad e inseguridad durante el resto del día. No saber qué hacer te llevará a un estado de incomodidad. Define tu día y enfócate en las actividades más importantes.

4. Enfócate sólo en las actividades que dependan 100 % de ti

Recuerda, no puedes hacer nada que no dependa de ti. En muchas oportunidades he escuchado frases como: "Es que tengo una oportunidad con un posible cliente que me va a confirmar la siguiente semana, eso me tiene muy preocupado y no puedo hacer otra cosa porque estoy pensando en eso". ¿Y de qué te sirve angustiarte? La decisión es de tu cliente, no tuya. Mejor enfócate en las cosas que dependan 100 % de ti y eso te va a dar tranquilidad porque eso tú lo vas a poder resolver.

5. Deja de preocuparte y ocúpate

No te preocupes por lo que va a suceder, mejor, ocúpate para que hagas que las cosas sucedan ahora.

6. Busca un lugar en donde puedas dar brincos por un minuto

Salta lo más alto posible y extiende los brazos hacia arriba, como si estuvieses lanzando todas tus preocupaciones, expulsando todo ese "estrés", todo lo negativo.

7. Hazte la pregunta, ¿qué es lo peor que me puede pasar?

Seguramente, la respuesta no va a ser algo tan grave. Pon tu estado de estrés o la situación de conflicto en una situación de tranquilidad.

Repasemos las siete técnicas para reducir el estrés:

Técnica 1: Meditación

Técnica 2: Haz ejercicio diariamente

Técnica 3: Define tu día y enfócate en las actividades más importantes

Técnica 4: Enfócate sólo en las actividades que dependan 100 % de ti

Técnica 5: Deja de preocuparte y ocúpate

Técnica 6: Salta durante un minuto

Técnica 7: Hazte la pregunta ¿qué es lo peor que me puede pasar?

Espero que con estas siete técnicas hayas aprendido información importante para tu crecimiento

personal y para que puedas salir de ese estado que no te deja avanzar y que te mantiene preocupado

todo el día, el estado del famoso estrés.

Siete tips para evitar a personas negativas

A veces, en la vida nos cruzamos con personas negativas, aunque ellas mismas no sean conscientes de su negatividad. La gente que cuando se te acerca lo primero que te dice son cosas negativas o se comienza a quejar de algo en específico, es gente negativa. Son personas que se quejan durante todo el día. Si conversas con ellas, lo único que hacen es absorber tu energía.

Lo ideal es evitar a esta gente, encontrar la forma de no estar cerca. En ocasiones llegas a una reunión y le preguntas a alguien cómo está, te responde que está bien, sin embargo, completa su oración con un "pero". Recuerda que los "peros" eliminan todo lo anterior y lo que dices después de ese "pero" es lo que realmente quieres decir. Voy a darte siete tips para evitar a este tipo de personas.

1. Ignora los comentarios que te afecten

Sobre todo, el primer comentario, ya que puede ser un gancho para que lo sigas en esa conversación negativa. Si estás conversando con alguien y de pronto te dice un comentario negativo: ignóralo, haz como que no lo escuchaste y sigue hablando del tema con el que estabas. A veces la persona suelta esa palabra o esa idea negativa con el deseo de que te enganches porque quiere seguir hablando para sentirse triste o derrotado: esa es su naturaleza.

Si tú eres una de esas personas, cambia, porque nadie quiere estar cerca de las personas negativas. Ninguna persona quiere reunirse con gente de las que sólo se escuchan cosas negativas, eso desmotiva a cualquiera.

2. Establece límites siempre

No sigas una conversación negativa, cámbiala por otro tema de inmediato. Cuando veas que una persona está en cuestiones negativas bien sea hablando mal de alguien, de su trabajo, de su negocio, cambia la conversación inmediatamente. Inventa un chiste, haz algo para cambiar la conversación y llevártelo para otro lado.

3. Evita pelear o seguir el juego de personas negativas

A veces llegamos a casa o a una reunión cansados del trabajo, y en vez de divertirnos, escuchamos a la gente hablar mal de otras personas o que dicen cosas negativas de lo que hacen. Quizá eso los haga sentir bien porque alguien los está escuchando o quizá eso propicie que comencemos a pelear con ellos. ¿Crees que vale la pena que nuestra mentalidad, ánimo y energía se disminuyan por cuestiones negativas? Evita pelear o seguir el juego negativo de esas personas, por favor.

4. Presta atención a tus emociones cuando estés con gente negativa

Sé consciente de tus emociones. Si empiezas a perder el control, sal inmediatamente de ahí, muévete de lugar, levántate, ve a tomar un respiro o algo. Estar siempre consciente cuando estás con personas que te están incitando, que buscan engancharte para seguir una conversación negativa o para discutir; eso te va a ayudar a tomar decisiones consientes para evitar enfrentamientos con dichas personas.

5. Reenfoca cualquier conversación o situación y cámbialas de problemas a soluciones

En conversaciones con amigos, compañeros y familiares, si hablamos de situaciones conflictivas, siempre tendemos a querer ayudar. Pero sucede que en ocasiones nos enfrascamos en alguna conversación negativa y en vez de sacarlo de ahí, terminamos dándole la razón.

¿Cómo evitar esto? Siempre reenfoca este tipo de situaciones en soluciones. En vez de escuchar todo el problema enfócate en pensar en cómo lo van a solucionar y automáticamente le vas a cambiar el panorama y la perspectiva a esa persona; dejará de pensar en los problemas y empezará a buscar soluciones.

Los problemas no sirven de nada, las soluciones serán las que comiencen a abrir un panorama que propicie pensar positivamente y solucionar esas situaciones negativas.

6. Evita asistir a eventos donde sabes que las conversaciones serán negativas

No vas a sacar nada positivo de esas reuniones. Utiliza ese tiempo para hacer algo positivo para ti y tu familia, para tu vida, para tu negocio. Evita ese tipo de reuniones.

7. Busca juntarte con personas que hablen de ideas y piensen en grande

Personas que estén creando, mejorando, que se encuentran en constante aprendizaje, que quieran hacer negocios nuevos, que tengan ideas y pensamientos positivos. Busca ese tipo de gente. Quizás hoy conozcas pocas personas que sean así, o puede ser que conozcas muchas: busca ese tipo de gente.

Busca clubes, lugares donde puedas encontrar personas creativas y motivadas, tal vez en cursos de superación, de desarrollo personal, en seminarios, eventos donde puedes hacer *networking* con empresarios o personas exitosas que están buscando mejorar.

Si alguien está en un curso de superación personal es porque quiere mejorar. Busca gente en esos lugares que te ayuden, con los que comiences a juntarte y reunirte para que puedas pensar en grande y hables de nuevas ideas, nuevas formas de mejorar y cambiar tu vida.

Te voy a repetir rápidamente estos siete tips:

Tip 1: Ignora todos los comentarios negativos.

Tip 2: Establece límites, no sigas una conversación negativa, cámbiala por otro tema.

Tip 3: Evita pelear o seguir el juego de personas negativas.

Tip 4: Presta atención a tus emociones cuando estés con gente negativa.

Tip 5: Reenfoca la situación y cámbiala de problemas a soluciones.

Tip 6: Evita asistir a un evento donde sabes que las conversaciones serán negativas o solo para quejarse de otras personas o de la vida.

Tip 7: Busca juntarte con personas que hablen de ideas o piensen en grande.

Utiliza estos siete tips para mejorar tu vida, para cambiar, para estar todo el día pensando positivamente. Recuerda que pensando positivo obtenemos cosas positivas, si pensamos negativo tendremos cosas negativas.

Cambia en tres minutos tu estado de ánimo

¿Has visto la postura de una persona que está triste? Piensa cómo es su aspecto, ¿ya te lo imaginaste? Seguramente me dirás que tiene la cabeza y la mirada hacia abajo, hombros caídos, la cara afligida. Por su aspecto, sabemos perfectamente cuando una persona o un niño está triste. En este apartado te explicaré cómo lograr cambiar tu estado de ánimo en tres minutos.

Es sencillísimo y depende sólo de ti: este punto es lo más importante, no tiene nada que ver con otra persona. Tú eres quien puede cambiar tu estado de ánimo en tres minutos.

Piensa por un momento ¿cómo se ve una persona que está feliz? Quizá esté sonriendo y con la vista al frente; una persona exitosa que acaba de lograr algo importante, tiene la cabeza hacia arriba, la mirada al frente, el pecho erguido y camina con mucha seguridad.

Nuestra postura define cómo nos sentimos; es un hecho comprobado. Se han hecho estudios sobre ello y es real. Cómo nos sentamos, cómo nos paramos, cómo caminamos, refleja cómo nos sentimos.

Lo interesante de este punto es que si te sientes mal puedes cambiar ese estado rápidamente. Cuando estás triste o preocupado, por lo general estás con hombros hacia abajo y con la cabeza agachada, esa postura es una reacción de nuestro cuerpo a un sentimiento o una sensación negativa.

En los siguientes párrafos te voy explicar cómo lograr revertir este estado de ánimo y que tu postura cambie los sentimientos negativos que tengas en ese momento.

Los estudios que se han hecho sobre el tema comprueban que nuestra postura define cómo nos sentimos. Si adoptas una postura de éxito por más de tres minutos, te vas a sentir como una persona exitosa; si adoptas una postura de tristeza por más de tres minutos, te vas a sentir triste. Igual, si adoptas una postura de felicidad o de lo que sea, te vas a adaptar a esos sentimientos.

En un estudio aplicado a personas que iban a entrevistarse para un puesto de trabajo, les pidieron a algunas que antes de entrar a la entrevista se sentaran con mucha seguridad, que estuvieran derechos, la cabeza erguida y la mirada hacia el frente, les pidieron que estuvieran así por más de tres minutos. A otras personas no les comentaron nada, ellos simplemente estuvieron viendo su celular, sentados y con las piernas cruzadas.

Al final, preguntaron a los entrevistadores quiénes les parecían, por cuestión de actitud, las personas con mayores talentos o que tenían una mejor actitud para el trabajo. Todos los entrevistadores coincidieron en que las personas que antes de entrar a la entrevista estuvieron con una postura de éxito, de satisfacción y de seguridad, eran las personas que se veían con mejor actitud.

No es sorpresa porque nuestra postura define cómo nos sentimos. Te voy a pedir que, si en este momento tu postura es de relajación o tristeza, la cambies. Siéntate bien en donde estás o párate si vas caminando, si estás haciendo ejercicio, corre como una persona muy segura, camina como una persona con autoestima y segura de sí por más de tres minutos.

Al cambiar de postura, algo sucede en la química de nuestro cerebro que nos manda una señal para sentirnos mejor. Si en este momento hay algo en tu vida que te está afectando o te tenga triste, lo puedes cambiar en poco tiempo. ¿Cómo lo harás? Simplemente cambiando tu postura.

Quizá leas esto y pienses: "Me pasó algo muy grave, no podré sentirme mejor con sólo cambiar mi postura". Bueno, haz el intento por más de tres minutos, es un hecho comprobado por estudios de universidades de Estados Unidos, esos estudios afirman que la postura de las personas define cómo se sienten.

Durante un día muy atareado o cuando se te presente una situación grave que no te deje pensar o sentirte bien, recuerda cambiar tu postura, busca sentarte como una persona de éxito, satisfecha y feliz.

Te voy a demostrar cómo la postura define cómo te sientes. En este momento, estés donde estés, levanta tu cabeza hacia el techo, el cielo, y quiero que pongas la sonrisa más grande que tengas, mientras lo haces, intenta estar triste sin dejar de sonreír. ¿Qué pasó? ¿Se puede o no se puede? ¿Verdad que no pudiste ponerte triste sonriendo? Porque tu postura define cómo te sientes.

Ocurre lo mismo cuando estás sonriendo y no puedes ponerte triste, o cuando estás parado erguido, no te vas a sentir inseguro.

A uno de mis hijos, antes de iniciar un partido de futbol le pedí que se parara como Superman. Le describí la postura de Superman con los brazos en la cintura, es una posición que trasmite mucha seguridad y poder. Él lo hizo y al término del juego, me comentó: "Papá, ¿qué crees? Me sentí súper bien en el juego, hice lo que me dijiste, me paré así". El resultado fue inmediato, mi niño se sintió más seguro de él mismo porque cambió la postura e inició el juego con mayor seguridad.

Lo mismo haz tú, adopta posturas que harán que te sientas bien, no las que te van a hacer mal. Si constantemente volteas hacia abajo y estás con los hombros caídos, te vas a sentir triste o deprimido. No importan las circunstancias de la vida, no las podemos cambiar, no tenemos el control sobre ellas. Sobre lo que sí tenemos control, es sobre nuestras decisiones. Tú puedes decidir si hoy cambias tu postura o no. Piensa en una postura que haga sentirte realmente exitoso y mantenla durante tres minutos: para lograr esa sensación de bienestar no se necesita más tiempo.

Una vez iba manejando, de pronto otro conductor se me atravesó y me empecé a enojar. Estaba yo enojado, me dije: "Espérame tantito, si tú en tus conferencias dices que cambies la postura porque así te vas a sentir mejor, hazlo, haz lo que dices, practícalo". Empecé a sonreír de oreja a oreja; no pasaron ni treinta segundos cuando estaba muerto de la risa por lo ridículo que me sentía sonriendo de una forma chistosa. De alguna forma provoqué esa risa. Me cambió la actitud y el día el simple hecho de decidir cambiar mi postura, mis facciones, y sólo fue posible porque lo decidí yo mismo.

Entonces ¿cómo puedes cambiar tu ánimo? Simplemente tomando la decisión de cambiarlo. Ahora que ya te di una herramienta muy sencilla, como la de cambiar de postura y nada más, no tienes pretextos para decirme que es muy difícil cambiar de actitud, a pesar de las situaciones adversas.

Entiendo que hay momentos en los que nos sentimos deprimidos, muy mal, muy tristes, pero quedarse en ese sentimiento es nuestra decisión. Incluso puedes llegar más hondo, pero ahora ya sabes que, si lo decides, esa sensación de malestar puede cambiar con el simple hecho de mejorar la postura.

Te invito a que hagas la prueba en los próximos días, cuando tengas alguna situación de enojo, tristeza o pelea con tu amigo, tu esposa, tu novia, tu novio, quien sea, cualquier situación incómoda y negativa, incluso si estás a punto de desesperarte con tus hijos, cambia tu postura en ese momento y verás que no solamente tus sensaciones cambiarán, sino también tu día. Haz la prueba y verás cómo mejora tu día.

Ahora ya tienes una herramienta más en tu vida para sentirte mejor, tú decides si la utilizas o no. Espero que este apartado ayude a que te superes y a adquirir más seguridad en ti mismo.

Aprende a adaptarte con rapidez a los cambios

¿Cuántas veces hemos escuchado el término "adaptación al cambio"? La gente suele decir que es difícil adaptarse a los cambios. ¿Realmente es difícil adaptarnos al cambio? O ¿es difícil adaptarnos a los cambios porque no queremos? Ahora dime, si estás en una casa pequeña y de pronto tienes la oportunidad de mudarte a una casa grande, con muchas comodidades, con muchísimas lindas cosas, la casa grande te encanta, ¿te será difícil adaptarte a ese cambio? No lo creo.

¿Qué sucede cuándo los cambios no son lo que esperamos o son retadores? Cuando cambiamos de trabajo, emprendemos nuevos retos, nuevos negocios, o cuando nos enfrentamos a estrategias distintas a las que estamos acostumbrados. En esas situaciones es cuando comienza el tan mencionado miedo al cambio. Porque le tememos a lo desconocido, a lo que por primera vez experimentamos.

Vamos a ver cinco pasos que te ayudarán a adaptarte al cambio de una forma rápida y muy sencilla. En este tema, realmente se trata de enfocarnos positivamente, enfocarnos hacia dónde queremos ir, y dejar de ver el pasado que muchas veces nos atormenta, nos limita a crecer, a lograr cambios que nos generen mayor satisfacción como seres humanos.

Estos cinco pasos te ayudarán a adaptarte más fácil a los cambios en tu día a día, funciona tanto para el nivel personal como el profesional. Si en este momento te estás enfrentando a un cambio o estás por hacerlo, utiliza estos cinco pasos.

1. Acepta que los cambios son buenos y nos hacen crecer

"¿Cómo pueden ser los cambios buenos, cuando mi empresa ha quebrado? ¿Ahora qué haré? No me puedo adaptar a ese cambio". Debes aceptar que ese cambio puede ser transformado en algo positivo. ¿Qué cosas positivas sacas de eso? ¿Qué errores ya no vas a cometer? ¿Qué aprendiste de esa situación? Acepta que los cambios son buenos y nos hacen crecer. Debes aceptar que te ayudará y te dará un beneficio, debes enfocarte en lo positivo.

2. Piensa positivo ante cualquier cambio

Siempre tener visión positiva. Pensemos en que vienen cosas positivas para nuestra vida, porque ¿cuántas veces no nos sumimos en nuestros pensamientos negativos? Aunque sepamos que lo único que logran es hacernos sentir mal y tristes. Por eso, piensa siempre positivo ante cualquier momento.

3. Redefine tus metas inmediatamente

Cuando te enfrentes a un cambio de estrategia, de empresa, de lo que sea, redefine tus metas, ¿cuáles serán tus metas ahora?, ¿qué harás?, ¿las mejorarás?, ¿las cambiarás?, ¿crecerás?, ¿qué harás con tus metas? Ante un cambio debemos redefinir inmediatamente las metas. No esperes a que pasen meses, porque perderás el ímpetu de ese cambio, de esa aceptación de que los cambios son buenos y de pensar positivo.

4. Toma acción inmediatamente

No te quedes parado ante el cambio. Si sorpresivamente llega un cambio que nos golpea y nos quedamos sin hacer nada, no avanzaremos. Pero si definimos metas e inmediatamente tomamos acción, caminaremos hacia los objetivos que tenemos. Es importante que no nos quedemos paralizados, si dejamos que pasen semanas, meses, no avanzaremos, hay que decidirse a actuar.

5. El cambio lo debes dar por sentado

El cambio se dio y no hay vuelta atrás. No te quedes atascado en el pasado, a cómo eras, en lo que hacías, en lo que eran tus actividades, en el pasado en general. Eso no te dará nada, enfócate en ver hacia adelante, hacia tu nuevo rumbo.

¿Cuántas personas emprenden un nuevo negocio, pero pasados los meses aún piensan en que pueden regresar a la empresa en donde estaban y siguen hablando sobre los logros que tuvieron en esa empresa? Hay que ver hacia adelante, si te quedas atascado, no vas a avanzar. Si te quedas paralizado, ese estado no ayudará a que logres tus metas y objetivos. Te invito a que utilices estos cinco pasos a partir de hoy, contribuirá a que tus cambios no sean tan pesados y que logres adaptarte a ellos rápidamente.

Te repito estos cinco pasos para actuar frente a los cambios:

Paso 1: Aceptar que los cambios son buenos y nos hacen crecer

Paso 2: Piensa positivo ante cualquier cambio

Paso 3: Redefine tus metas inmediatamente

Paso 4: Toma acción inmediatamente

Paso 5: El cambio lo debes dar por sentado

Los cambios en la vida nos permiten crecer, salir de nuestra zona de confort, y no solo salir de ella, sino extender nuestro panorama. Por eso te invito a que, ante cualquier cambio, tomes acción, lo enfrentes, pienses positivo, lo des por hecho, aceptes que los cambios son buenos y siempre nos hacen crecer.

Cómo animarte cuando no encuentres la salida

Vamos a hablar sobre algo muy importante. Comúnmente, tenemos nuestras metas y objetivos, sin embargo, no sabemos cómo animarnos cuando estamos abrumados, cuando no encontramos la salida. Porque muchas veces tienes ciertas situaciones económicas o de otro tipo que no te ayudan para lograr una meta.

Te voy a dar cinco puntos básicos que te van a ayudar a animarte en esos momentos donde no encuentras la salida, a pesar de que según tu criterio estás haciendo lo correcto.

Imagínate que estás en otra ciudad. Supongamos que vas manejando de Monterrey a Guadalajara. Tu objetivo es llegar a Guadalajara. A la mitad del trayecto no dices "no, no estoy aquí, no he llegado". No te regresas porque no has llegado, ¿estamos de acuerdo? Sabes que tarde o temprano vas a llegar a ese objetivo, vas a llegar a esa ciudad. ¿Por qué? Porque ya lo sabes, ya te trazaste un objetivo, ya sabes cuál es el camino y vas hacia él.

Es lo mismo con las metas. A veces estamos en una situación en la que decimos "no estoy logrando lo que quiero, lo estoy viendo muy difícil". ¿Qué puedes hacer? Jamás desistas, no te vayas para otro lado, ya sabes que vas a llegar tarde o temprano de un punto a otro. ¿Cómo animarte? A continuación, te menciono algunos puntos.

1. Fija 100 % tu mente y tu mirada en tu meta

Si no has definido correctamente tu meta, te invito a que lo hagas. Fija bien tu meta y fija tu mente, tu vista directamente hacia tu meta siempre, no quites la vista de ahí porque en el momento en el que volteas hacia otro lado, ya no vas a poder continuar, te vas a distraer y no vas a dar el 100 % para lograrlo.

2. No te agobies porque aún no has llegado

Tarde o temprano lo harás. Quizás me digas: "Sí, está bien padre ver mi meta, mis objetivos, pero no tengo dinero, ¿con qué voy a vivir ahorita?". Lo entiendo perfectamente, he pasado por esa situación, sin embargo, si tú te enfocas 100 % en los problemas, vas a empezar a preocuparte y a ocuparte de los problemas en vez de ocuparte de salir adelante, por añadidura vas a resolver tus problemas. No te agobies porque no has logrado lo que quieres aún, tarde o temprano lo lograrás.

3. Escribe lo más importante que debes hacer hoy que te ayudará a sentirte mejor

Te doy un ejemplo. Imagínate que dices: "Tengo un objetivo de vender tanto en mi compañía, pero ahorita estoy lejísimos y no tengo para pagar la colegiatura de mis hijos, la luz...". Bien, entonces siéntate y escribe qué acciones puedes tomar hoy que te van a ayudar a sentirte bien o a obtener esos ingresos y te proporcione esa sensación de certeza. ¿Qué acciones vas a tomar en este momento para llegar a donde quieres estar y para sentirte bien hoy?

4. Tomar acción

Una vez que hayas escrito cada una de esas acciones que debes tomar para sentirte bien o para salir adelante de tu situación, el reto de este momento obviamente es que debes tomar acción en la actividad que te ayudará a sentirte mejor, pero la debes realizar hoy mismo. Tendrás otras cosas u otras situaciones, pero haz un espacio en tu vida, en tu día para tomar acción.

"Ricardo, necesito ventas, yo estoy buscando a esos clientes grandes que me van a dar muchos ingresos", me dijo alguien. Esa persona no tenía esos clientes; lo que le sugerí fue que encontrara a prospectos pequeños que pudiera cerrar rápido para que en ese momento le diera tranquilidad. Eso ayuda bastante.

Escribe la actividad que te ayudará a sentirte mejor en este momento y actúa. Hoy mismo toma acción, no esperes a que pase más tiempo.

5. Confirma

Y esto va enfocado hacia tu meta, hacia lo que quieres obtener. Confirma que las acciones que dependan 100 % de ti sí las estás llevando a cabo para lograr lo que quieres. Si acaso te está faltando hacer algo, trabaja para hacerlo y sentirte mejor.

Confirma si lo que depende 100 % de ti lo estás haciendo. A veces nos agobiamos por la situación económica del país, nos agobiamos por la situación en general y no salimos adelante, porque dices "he intentado, pero no hay trabajo", "he intentado, pero no he logrado esto o lo otro".

¿Qué vas a hacer? Que tus acciones sí vayan de acuerdo con lo que quieres obtener y que sean las acciones que dependan 100 % de ti. Tú no puedes controlar la economía del país o la del mundo, eso no está en ti. Lo que sí puedes controlar es que tus acciones vayan de acuerdo con lo que tú planteaste. Si tienes eso, te vas a sentir automáticamente mejor porque vas a decir: "Bien, yo sí estoy haciendo lo que debo hacer, lo que tengo que hacer para lograr lo que quiero". Si no se están dando los resultados por situaciones externas, ahí no puedes hacer nada. Enfócate en lo que depende 100 % de ti.

Aquí están nuevamente estos cinco pasos para animarte cuando no encuentras la salida:

Paso 1: Fija 100 % tu mente y tu mirada en tu meta

Paso 2: No te agobies porque aún no has llegado

Paso 3: Escribe lo más importante que debes hacer hoy que te ayudará a sentirte mejor

Paso 4: Tomar acción

Paso 5: Confirma

Si acaso te está faltando hacer algo, trabaja en este momento para hacerlo y sentirte mejor. Si dices: "¿Sabes qué? Sí, mi objetivo es tener diez citas de venta a la semana". Perfecto, ¿lo estás logrando? "No, llevo cinco esta semana, no las he hecho." Enfócate en hacer diez, tarde o temprano van a llegar los resultados positivos que quieres, pero enfócate en lo que depende 100 % de ti.

Sé una persona más positiva con estos sencillos pasos

Ser positivo va más allá de simplemente decir que eres positivo. No basta con solo decir que eres una persona positiva para ser una persona positiva. Yo estoy consciente de que el pensamiento positivo es algo bueno para todos, sin embargo, ser optimista no tiene nada que ver con convertir nuestras acciones, pensamientos y comunicación en una comunicación positiva.

Si estás interesado en convertirte en una persona positiva es importante que practiques los cinco puntos que voy a compartirte para que logres ser una persona más positiva de lo que ya eres.

Si ya te consideras una persona muy positiva, que siempre piensa en positivo y tiene buen ánimo, estos cinco puntos te ayudarán a que lo seas todavía más y a que alimentes más esas creencias, esa seguridad en ti mismo, ese positivismo. Cuando una persona trabaja, piensa, crea e idea de forma positiva, todo se mueve a su alrededor. Algo sucede que atrae todo, tanto en lo personal, lo profesional, como en la salud y en los pensamientos. Todo depende de hacia dónde enfoquemos lo que queremos obtener. Todo depende de eso.

Por eso, quiero que por favor consideres y leas muy bien estos cinco puntos que voy a compartirte te ayudarán a ser una persona más positiva de lo que ya eres. Lo importante es que una vez que conozcas los cinco puntos para convertirte en una persona más positiva, no dejes de practicarlos, es necesario seguir trabajando en ti. De nada sirve que estés leyendo este capítulo si al terminarlo te olvidas de lo que aprendiste y haces otra cosa. Lo que sigue después de leer este capítulo es actuar, tomar en cuenta los cinco puntos y que los repitas constantemente, así lograrás ser una persona más positiva de lo que ya eres.

Lo que hagas a partir de hoy para avanzar, demostrará si realmente valió la pena el tiempo invertido leyendo este texto. Siempre hay que hacer algo, hay que dar un siguiente paso para seguir motivado, inspirado, para seguir positivamente rumbo a tus metas, tus objetivos y tus sueños. Ten en cuenta que en los negocios no solamente se trata de trabajar, trabajar y trabajar, hay una parte muy importante en la estrategia, pero hay una parte mucho más importante en la psicología, en cómo pensamos, porque eso es lo que realmente te llevará al éxito. Y aquí están los cinco puntos.

1. Ingresar a tu mente cosas positivas

¿Qué es ingresar a tu mente cosas positivas? Lecturas, audios, videos e información que te produzcan pensamientos positivos, pensamientos de crear cosas nuevas, de cambiar creencias negativas, pensamientos que te ayuden a crecer. Eso es el *input* que debes obtener día con día.

Estoy seguro de que eres una persona positiva porque estás leyendo este libro, estoy seguro de que eres una de esas personas que quiere avanzar, dar un paso hacia adelante y que está haciendo algo para ingresar en su mente cosas positivas. Sigue haciéndolo porque recuerda que la motivación y la inspiración, sobre todo la motivación, es como ir al gimnasio. Si quieres tener un cuerpo muy bien formado, tener el abdomen cuadriculado y quieres tener mucha fuerza, no puedes hacerlo solamente una semana, tienes que ser constante durante mucho tiempo. Pasa lo mismo con tu mente, tienes que estar absorbiendo información positiva, buscar quitar todo lo negativo, noticias, programas, dejar de lado la información que no te produzca bienestar.

Siempre busca estar alimentándote de cosas nuevas, busca aprender constantemente, leer libros nuevos, sobre superación, leer libros que te generen crear nuevas cosas, libros de estrategia, de psicología, libros que te ayuden a mejorar. El *input*, lo que le metemos a la mente, debe ser información positiva.

2. Platica con gente positiva

Rodéate de gente que hable sobre cosas positivas, que hable de ideas, negocios, crecer, ser mejor, superarse. No te juntes con la gente que hable de chismes, que hable mal de otras personas. Eso no te sirve de nada.

Si vas a estar con gente que se está quejando todo el tiempo, retírate de ahí; busca gente que hable de cosas positivas, que vea lo mejor de la vida y que te impulse a ser mejor. Ese tipo de personas es a la gente que debes escuchar, con la que debes de platicar con frecuencia.

De las personas que ya conoces, busca quiénes son las que hablan así. Busca gente positiva, que siempre están creando ideas, que quieren crecer sus negocios, que buscan hacerte sentir bien, Frecuenta a esas personas por lo menos una vez a la semana, porque te van a ayudar a crecer.

3. Decide pensar cosas positivas

Esto es básico. Tú decides qué piensas, decides qué hablas, decides qué sale de tu boca, decides todo lo que haces durante el día. Por eso, es importante que en el punto número tres tú decidas pensar en cosas positivas, decidas pensar en que sí vas a lograr tus metas, decidas pensar que esta va a ser una semana extraordinaria, decidas pensar que cada día vas a ser mejor, que vas a ser de los grandes, que vas a ser de los mejores, de los primeros lugares en cualquiera que sea la rama de tu negocio. Decide pensar de forma positiva y te aseguro que te vas a convertir en una persona más positiva.

4. Da un paso rumbo a tus pensamientos positivos

Si pensamos y pensamos pero no actuamos, si no damos un paso, si no hacemos algo para avanzar, para capacitarnos más, para aprender, para crecer, para superarnos, si no hacemos eso, ¿qué va a pasar? Nos vamos a quedar como estamos.

De nada sirve decir "pienso positivo, pienso positivo, pienso positivo", si no actúo, no avanzo, no me capacito, no aprendo, no hago cosas distintas, no me arriesgo, no cambio creencias. Si no hay acción ¿de qué sirve pensar positivo?

Es importante dar un paso rumbo a tus metas, objetivos y rumbo a esos pensamientos positivos.

5. Detente, aprende a detectar cuando tus pensamientos no sean positivos

Aprende a detectar cuando tus pensamientos no sean positivos. Aprende a cambiar el chip en ese momento y empezar a pensar positivo. No pienses negativo. Aprende a marcharte cuando estés hablando con una persona que solamente dice cosas negativas, párate y vete, o pídele que hablen de otra cosa, cambien la conversación, pero aprende a detenerte.

Es muy importante que aprendas a decirte "no" a ti mismo, aprender a decir "no" a otras personas que no estén cultivando tu crecimiento. La mayoría hemos pensado en algún momento de nuestra vida "se va a enojar esa persona porque le dije que cambiemos de tema". Que se enoje, no importa, lo importante es que crezcas, que seas mejor, que te superes.

Te repito los cinco puntos que, si los practicas, harán de ti una persona más positiva:

Punto 1: Ingresa a tu mente cosas positivas

Punto 2: Platica con gente positiva

Punto 3: Decide pensar en cosas positivas

Punto 4: Da un paso rumbo a tus pensamientos positivos

Punto 5: Detente, aprende a detectar cuando tus pensamientos no sean positivos

Cómo salir adelante cuando estás harto y fastidiado

En la vida diaria de todos los que trabajamos, estudiamos, pagamos deudas, en fin, que vivimos en constante movimiento, es muy común que llegue un punto en que estamos hartos y fastidiados de hacer cosas. Llegar a ese punto sólo nos está diciendo cómo estamos enfrentando una situación.

He conocido a muchas personas que están en una etapa de fastidio o de hartazgo, y es fácil darme cuenta de ello porque cuando converso con ellos puedo ver que les encanta lo que hacen, pero están teniendo algunos problemas o situaciones en las que no les está yendo bien o como ellos quisieran, esto los empieza a hartar o fastidiar.

Sucede que nos enfocamos en las cosas negativas, en ese fastidio y hartazgo, y terminamos por cortar esa situación, trátese del negocio, la relación sentimental o de amistad, etcétera. Terminamos cortándola porque nos estamos enfocando en ese hartazgo y fastidio que tenemos.

Pero existen algunos puntos que te van a ayudar a salir adelante cuando estés en ese estado en el que tienes mucho estrés. Lo que veremos en los siguientes párrafos es que hay acciones que, de cierta forma, transforman esa situación. Todos los negocios, las empresas, los matrimonios, las amistades, pasan por etapas distintas. No todo el tiempo estarán en el mejor momento, es como una rueda de la fortuna de la vida, a veces estamos en momentos buenos y otras en momentos no tan buenos.

Lo importante es enfrentar siempre de la misma forma cada uno de esos momentos y que ésta sea positiva. Piensa positivo porque si piensas negativo sólo atraerás más de lo negativo, y además cuesta lo mismo: no te requiere más esfuerzo pensar positivo. Mira hacia adelante y piensa qué vas a hacer para salir de esa situación de hartazgo o de fastidio.

Comencemos con este primer punto para salir de esta situación y eliminar el estrés que no ayuda a nadie y que siempre está presente en nuestra vida, por cualquier razón personal o profesional. El estrés es una palabra relativamente nueva, y que en los últimos años hemos utilizado cada vez más. Este término lo único que hace es volvernos más sensibles ante cualquier situación, porque ya de entrada nos estresamos cuando pensamos que hay una situación de estrés.

1. Respira profundo y tranquilízate

Tal vez esta frase la escuchaste en los anuncios de televisión cuando eras pequeño: "Respira y cuenta hasta diez". Te causará gracia, pero realmente funciona. Hay estudios que prueban que respirar profundamente tranquiliza a las personas. Cuando estés en un momento de hartazgo o de fastidio, relájate un poco y haz respiraciones profundas.

La sangre tiene muchos componentes y uno de los más importantes es el oxígeno. El oxígeno que contiene la sangre es el que respiramos. Cuando respiras profundamente y mantienes ese oxígeno en los pulmones por un momento, tu sangre también lo recibe. Respirar te ayudará a tranquilizarte, a sentirte mejor y a que tu estado de ánimo cambie inmediatamente.

Respira profundo al menos diez veces, mantén el aire en los pulmones y cuando lo sueltes, hazlo lentamente. Practica la respiración donde te sientas cómodo y nadie te moleste.

2. Ve paso a paso

Define primero qué es lo que debes que hacer para salir de esa situación. Una vez definido nos vamos al paso número 3.

3. Busca motivarte

Hay miles de formas, escuchando audios o música, algo que te funcione a ti, leyendo, haciendo ejercicios, meditando, practicando yoga. El único requisito es que te ayude a motivarte. Voltea a ver momentos de tu pasado que te hagan sentir bien, para que te des cuenta de que ya has pasado por la misma situación de hartazgo y fastidio y has logrado superarla.

Motívate a que sí puedes salir sin ningún problema de esa situación. Busca también a alguien que te apoye: no tiene que ser un profesional, puede ser un familiar, una amistad, un compañero de trabajo, un jefe, alguien que te ayude a salir de esos momentos. De igual manera, puedes ir con un profesional que te apoye y te ayude a salir adelante, a eliminar creencias negativas y miedos y te enseñe cómo relajarte completamente para dar tu siguiente paso.

4. Pregúntate: ¿qué voy a ganar si sigo así?

Seguramente tu respuesta no será nada positiva. Si sigues harto y fastidiado lo único que vas a ganar es sentirte más mal. Si ya sabes que no vas a ganar nada, ¿para qué sigues así?

Imagínate que estás a una semana de aquí y no hiciste nada para salir de ese hartazgo, imagínate en un mes y que no hiciste absolutamente nada para cambiar. Vamos a seis meses y no hiciste nada, ¿qué vas a ganar? Imagínate uno, cinco, diez años en la misma situación... No te gusta lo que ves ¿verdad? Y si no estás en esa situación ahora, imagínate que lo estuvieras por diez años.

Si llegaras a caer en algún momento en una situación de hartazgo o de fastidio, por favor, visualízate en cinco o diez años de la misma forma para que obtengas la fuerza y digas "no quiero llegar a eso, no quiero caer en ese punto", y salgas inmediatamente de ese estado.

5. Cambia tu postura y sonríe

Lo hemos revisado antes: si cambias tu postura a una postura de éxito y felicidad por más de tres minutos, tendrás la sensación que tiene una persona feliz y te sentirás feliz después de esos tres minutos. Sonríe, la sonrisa es algo maravilloso que nos produce bienestar en el cuerpo, nos ayuda a sentirnos mejor y a eliminar ese fastidio.

Como ves, son cinco pasos muy sencillos. Anótalos porque quizás en este momento te sientas muy bien, contento, con mucho éxito en tu negocio, muy feliz, etcétera. Sin embargo, es muy probable que llegue el momento en que te hartes por alguna razón, de tu negocio, en una situación personal, en una relación, y entonces será necesario utilizar estos cinco pasos para salir de esa etapa de frustración y de hartazgo.

Vamos a recapitular los puntos necesarios para salir adelante cuando estás harto y fastidiado:

Paso 1: Respira profundo y tranquilízate

Paso 2: Ve paso a paso

Paso 3: Busca motivarte

Paso 4: Pregúntate: ¿qué voy a ganar si sigo así?

Paso 5: Cambia tu postura y sonríe

Espero de corazón que esta lectura te haya ayudado y que lo pongas en práctica. En la acción es donde realmente aprendemos. Utilízalos y revisa cómo te funcionan estos cinco pasos. Espero que hagas lo mejor para ti, que decidas estar feliz, salir de cualquier situación de fastidio para ser mejor, superarte y lograr todas las metas y sueños que tengas.

En cinco pasos, supera los días en que no quieres hacer nada

Hay días en los que, por cansancio, por sentirte negativo o simplemente por desánimo, no quieres hacer nada. A todos nos pasa, no creas que eres el único, lo importante es mirar hacia adelante, hacia nuestras metas y sueños y seguir adelante a pesar de cómo nos sentimos. Quiero hablar de este tema porque un día me sentía precisamente así: cansado, tumbado, sin saber qué me pasaba. Lo primero que se me ocurrió fue escribir un post en Facebook sobre ello, para mi sorpresa muchas personas se identificaron con mi estado de ánimo. Es algo que nos pasa comúnmente.

Lo principal de esto es que en esos días es cuando tú realmente demuestras si vas a vencer los problemas o situaciones, lo que yo siempre llamo "retos", o si ellos te vencerán a ti. En esos días te darás cuenta si eres capaz de lograr lo que te propones o sencillamente te vas a dar por vencido. Durante el desarrollo de este texto, te voy a dar cinco tips para que logres salir adelante en estos días en que quieres dejar todo. Son muy sencillos pero necesarios, para ello debemos tomar acciones y decisiones para salir adelante.

1. Toma la decisión de cambiar tu postura

Y va de nuevo otra vez este punto, claro porque es realmente importante y funciona. Levanta tus hombros, endereza tu cuerpo, camina erguido y sonríe. Ésa es la primera decisión que debes tomar, cambiar tu postura. Recuerda que, si mantienes una postura por más de tres minutos, las sensaciones que vas a sentir serán las sensaciones de esa postura. ¿Cómo luce una persona triste? Cabizbajo, con los hombros hacia abajo, encorvado. ¿Y cómo luce una persona de éxito o feliz? Siempre sonriente, con el cuerpo erguido, los hombros hacia atrás, viendo hacia el frente. Cambia tu postura al menos por tres minutos y verás cómo sientes el cambio en ti.

2. Escribe tu meta en un papel

En cualquier hoja que encuentres, puede ser en tu computadora, pero preferiblemente hazlo a mano. Escribe tu meta mínimo tres veces en una hoja.

3. Escribe cómo te vas a sentir cuando logres esa meta

Una vez que hayas escrito tres veces tu meta, a continuación, escribe cómo te vas a sentir cuando logres esa meta. Quiero que lo escribas lo más detallado que puedas, sea cual sea tu meta.

4. Escribe cómo vas a sentirte si, por falta de voluntad, no logras esa meta

Escríbelo también con sensaciones, sentimientos, incluye todo, porque quiero que cuando lo leas aborrezcas ese momento.

5. Hazte la siguiente pregunta: ¿esta sensación de cansancio me va a vencer?

La decisión es tuya: tú puedes cambiar esos días. Todo depende de ti. Recuerda que esos días van a determinar si lograrás o no tus metas, porque de cierta forma esos son los días más difíciles. Y, si logras superarlos, salir adelante a pesar de cómo te sientes, los días en los que estés bien vas a trabajar muchísimo mejor. Vas a ser un mejor empresario, mejor dueño de negocio, mejor trabajador, una mejor persona, un mejor vendedor, son esos días cuando realmente se define tu carácter y mentalidad para lograr el éxito que quieres y mereces.

Te repito rápidamente estos cinco tips:

Tip 1: Toma la decisión de cambiar tu postura

Tip 2: Escribe tu meta en un papel

Tip 3: Escribe cómo te vas a sentir cuando logres esa meta

Tip 4: Escribe cómo vas a sentirte si, por falta de voluntad, no logras esa meta

Tip 5: Hazte la siguiente pregunta: ¿esta sensación de cansancio me va a vencer?

Espero que estos cinco puntos te ayuden a superarte, a aumentar tu éxito y a que en esos días en los que ya no quieres hacer nada, salgas adelante porque eso va a determinar la mentalidad que tienes para lograr tus sueños, metas y objetivos.

Cómo levantarte después de un fracaso

Recuerdo perfectamente una noche que estuve a punto de explotar, hablaba con mi esposa y mi hijo pequeño recién nacido lloraba desconsoladamente, yo acababa de ser despedido de una empresa, hubo un recorte de personal en la compañía, a ese momento lo llamé "el día".

Esa noche tomé la decisión de que no me volvería a pasar, que la próxima vez que saliera de una empresa, sería por mi propia decisión. El momento era económicamente difícil, tenía un hijo recién nacido, gastos extras, nuevos gastos y no sabía qué hacer, no encontraba trabajo. Sin embargo, salí adelante.

Quiero compartirte cinco estrategias que me ayudaron y seguro te ayudarán a ti también a salir de situaciones difíciles, de situaciones en las que tienes la sensación de haber fracasado.

Para mí el "fracaso" no existe, está en nuestra mente, en nuestras palabras. Todo es aprendizaje, solo depende de la forma en cómo lo veamos, en cómo enfoquemos esa situación.

Si estás en una situación de la que no sabes cómo levantarte, te sientes mal y crees que es imposible salir adelante, o piensas que no es la primera vez que caes y piensas "ya no puedo más", quiero decirte que siempre se puede. Hay una luz en el camino, siempre después de la tempestad viene la calma, después de la oscuridad viene la luz.

No dejes que el "fracaso" te derrote. Olvida esa palabra, elimínala de tu vocabulario, si no la tienes en tu vocabulario no va a existir en tu vida, es mejor que exista sólo el aprendizaje. Por eso, te invito a que conozcas estas estrategias que te van a ayudar a salir más rápido de esa situación y a aprender de ella. ¿Para qué? Para llevarla al futuro y que te ayude, te potencialice, capitalices el aprendizaje, en lugar de verlo como algo negativo.

1. ¿Qué aprendes de esa situación?

Lo primero que debes hacer es preguntarte ¿qué puedes aprender? Muchísimas cosas. Hazte esa pregunta y escríbelo: "Esto me funcionó, esto no, esto lo puedo cambiar, esto no lo debo hacer, no debo irme por aquí, debo irme por otro lado". No lo dejes sólo en tu mente. Cuando lo colocas por escrito ya lo plasmaste, lo sacaste de tu mente y lo pusiste en papel, lo tienes escrito ¡no se te va a olvidar!

2. ¿Qué podrías hacer mejor de ahora en adelante?

¿Qué puedes mejorar para caminar hacia el futuro? Para levantarte más rápido, para hacer las cosas mejor, para superarte, para lograr lo que quieres, esas metas, sueños, objetivos. Escribe tu respuesta también, porque ella te ayudará a lograr lo que quieres.

3. ¿Sabes cuántas veces fracasaron algunos grandes?

¿Sabes cuántas veces fracasó Michael Jordan, Walt Disney, Oprah Winfrey, Thomas Alva Edison, Steve Jobs y miles de historias de gente muy exitosa que hoy ha logrado grandísimas cosas? Ponte en sus zapatos, seguramente ellos en su momento se sintieron como posiblemente te estás sintiendo ahora. Sin embargo, de alguna forma tomaron esas experiencias para salir adelante, enfrentar las circunstancias de la vida y lograr todo lo que se propusieron.

Recuerda, no estás solo, no eres el único, todos hemos caído en algún momento. Y si no has caído todavía, ¡qué bueno, felicidades!, espero que nunca te suceda, pero la mayoría de las personas hemos caído. Algunas en el ámbito económico, en lo personal, las amistades, la familia, la salud, y muchas más situaciones.

Para levantarte aprende de la gente que ha logrado éxitos impresionantes, y recuerda que somos iguales, eres igual a cada uno de ellos, no hay ninguna diferencia, lo que hoy tienen esas personas, les costó mucho, varios tropiezos. Debes beneficiarte del tropiezo en el que podrías estar en este momento.

4. ¿Qué sí te funcionó?

Hazte esa pregunta, te aseguro que vas a encontrar muchas cosas positivas, sólo que te estás enfocando en lo grande, pero te aseguro: si te vas paso a paso, revisando punto por punto, vas a encontrar muchas cosas que sí te funcionaron, y eso, ¡aprovéchalo! y escríbelo nuevamente.

5. Recuerda cómo son los bebés cuando aprenden a caminar

Difícilmente te acordarás cuando comenzaste a caminar, pero seguramente has visto a algún bebé que está aprendiendo. ¿Cómo le hacen? Se caen y se vuelven a levantar, se caen y vuelven a levantarse. Tienen la plena y firme confianza de que van a caminar, a ellos no les queda duda de que lograrán, tarde o temprano. Y se caerán muchas veces, pero se vuelven a levantar. Por eso, quiero que recuerdes que la perseverancia no sólo es de los bebés que has conocido, sino que también tú en algún momento hiciste eso. Imagina que cuando eras muy pequeño te caíste muchas veces, "fracasaste" muchas veces y hoy te das cuenta de que lo lograste siendo muy pequeño. ¿Cuál es la diferencia con el momento de ahora? Que eres más grande, que tienes más experiencias, que sabes más, sabes controlar tus emociones, tu destino, tu enfoque, así como un bebé se cae cientos de veces y se levanta cuando aprende a caminar, así te pido que te levantes y que sigas adelante.

Repasemos las estrategias que te harán levantarte después de un fracaso:

Estrategia 1: ¿Qué aprendes de esa situación?

Estrategia 2: ¿Qué podrías hacer mejor de ahora en adelante?

Estrategia 3: ¿Sabes cuántas veces fracasaron algunos grandes?

Estrategia 4: ¿Qué sí te funcionó?

Estrategia 5: Recuerda cómo son los bebés cuando aprenden a caminar

Sonríe, aunque estés fingiendo

Era un viernes por la tarde, viernes de quincena, había un tránsito impresionante, sin embargo, yo venía bien, iba en mi carro, manejando. Llegué a un semáforo, una persona en un carro gris plata inmediatamente cruzó hacia donde yo iba a cruzar y estuvo a punto de chocarme. Gracias a Dios frené en el momento indicado y no pasó a mayores. Sin embargo, esa situación me dejó con una sensación de estrés, enojado, y ¿qué podía hacer?

Estaba tan enojado que comencé a gritar malas palabras y ¿por qué? Porque alguien me había puesto en ese estado de ánimo. No obstante, recordé lo que digo en mis conferencias y *podcast*: que hay que cambiar nuestra postura, nuestro estado de ánimo. Pensé que debía practicar lo que digo y comencé a sonreír, con una sonrisa fingida impresionante. No pasaron ni 30 segundos y yo estaba atacado de risa de mí mismo, de lo que estaba haciendo.

Estaba intentando sonreír cuando realmente no me daban ganas de hacerlo y automáticamente mi estado de ánimo cambió. Todo esto fue gracias a que fingí mi risa, fingí la postura de mi boca y cambió mi estado de ánimo en 30 segundos.

Una vez vi en la televisión unos estudios que habían hecho sobre la importancia de la sonrisa. Hicieron unas encuestas donde mostraban unas fotografías de candidatos políticos y le preguntaban al público quiénes creían que habían ganado las contiendas. Lo impresionante es que más del 90% de las personas adivinó solamente con ver las fotografías, eran varios ejemplos, ni siquiera conocían a los candidatos, pero prácticamente todos acertaron.

¿Sabes cuál fue la razón por la cual las personas acertaron? La sonrisa. Las personas que estaban sonriendo, no solamente fueron las personas que escogieron los encuestados pensando que habían ganado, sino que esas personas ganaron; las fotografías que utilizaron para sus campañas publicitarias fueron las mismas que mostraron a las personas en la encuesta. La sonrisa es muy importante, no solamente por lo que nos genera internamente, sino por lo que refleja hacia el exterior. Si eres un emprendedor, un empresario, un vendedor, la sonrisa es primordial para generar confianza, es muy importante para que la gente te vea de una forma distinta, para cambiar el estado de ánimo de las personas.

Hoy te voy a dar nueve beneficios que atrae la sonrisa:

1. Una sonrisa mejora tu relación con los demás

Con la gente que te rodea, con los que te ven todos los días. Incluso, las sonrisas se pueden sentir. Obviamente para ti va a ser mejor escuchar a una persona que se está riendo a una persona que está enojada.

2. Una sonrisa te ayuda en tu día a día

Porque haces las cosas de una manera positiva y contribuye a que las hagas mejor.

3. Una sonrisa te ayuda a relajarte

Está comprobado que algo sucede en nuestro cerebro y en nuestro cuerpo que cuando sonreímos, los inconvenientes del día a día se vuelven algo más pasajero, te ayuda a sentirte más tranquilo y relajado.

4. Una sonrisa contribuye a la confianza en ti mismo

Porque cuando sonríes confías en ti, te sientes y te ves mejor, te aprecias más.

5. Te ayuda a que tu sistema inmune funcione mejor

Existen estudios que afirman que una actitud positiva puede ayudar incluso a derrotar el cáncer y a derrotar muchas otras cosas. Actitud positiva: sonreír.

6. Una sonrisa hace que tu cerebro produzca serotonina, endorfinas, dopamina

Son drogas naturales que te generan felicidad. No estoy jugando cuando te digo que sonrías, aunque lo estés fingiendo porque cuando finges una sonrisa por más de tres minutos, recuerda que vas a adoptar la posición de tu postura y eso va a generar que tu cerebro produzca dichas drogas naturales que te van a ayudar a estar mucho más feliz.

7. Una sonrisa estimula la alegría

Estar día a día más contentos. Recuerda que vinimos al mundo a estar felices y si una sonrisa te ayuda a estar feliz, adelante. Siempre le pregunto a las personas: ¿qué prefieres, estar feliz o ser feliz? La mayoría de las personas me contestan que quieren ser felices, sin embargo, estar feliz te va a llevar a ser feliz.

Sabemos que día a día tenemos circunstancias de la vida que no podemos cambiar, que nos afectan y no nos permiten ser felices. No obstante, nosotros podemos decidir estar feliz en este momento y eso es algo que solamente tú puedes decidir.

8. Te ayuda generar más confianza y empatía con otras personas

Eso te ayuda en las ventas, en tu liderazgo, en tus relaciones con los demás y a generar empatía con ellos.

9. Cuando tienes un día lleno de sonrisas duermes mejor

La sonrisa te ayuda a dormir mejor, aprovéchala.

Recuerda que la sonrisa es algo que no te cuesta nada, tú decides si quieres sonreír o no. Sonreír o estar triste. Sonreír o estar enojado. La decisión siempre es tuya. Tú decides cómo te sientes, si ves las cosas positivas o negativas, si sonríes o no sonríes. ¡Cómo te cambia la mañana cuando amaneces sonriéndole a las personas que tienes a tu alrededor! O cuando alguien te llega con una sonrisa increíble, claro que te cambia el día, porque ya te contagió. La sonrisa es contagiaso y te alegra el día.

Espero que el día de hoy sonrías, aunque estés fingiendo.

Tu lista de deseos

¿Cómo lograr mi lista de deseos rápidamente? ¿Qué es lo que quieres lograr? Son preguntas que comúnmente les hago a mis clientes y las principales respuestas que escucho son: quisiera lograr esto, quisiera tener mucho dinero, quisiera crecer mi negocio, quisiera, quisiera, y cuando dicen la palabra "quisiera" ¡me da un coraje! Y lo primero que les pregunto es: "¿quisieras o quieres?". Y me responden: "bueno, quiero". En ese momento estamos cambiando de un deseo a un objetivo con tan sólo cambiar una palabra.

La palabra "quisiera" es un deseo, un anhelo, es un "sería bueno", pero esa palabra está diciendo que no estás cien por ciento comprometido para lograr ese objetivo o que es todavía un deseo.

Cuando cambiamos nuestras palabras y las cambiamos para decir "yo quiero" en lugar de "yo quisiera" automáticamente en tu mente está cambiando la psicología y estás viendo como algo posible eso que antes era un deseo o un sueño. Si dices "yo quiero lograr esto, yo quiero crecer mi negocio, duplicar mis ingresos, yo quiero triplicar mis ingresos", expresas lo que quieres. Si en cambio dices "yo quisiera que me cayeran del cielo millones de dólares", pues sí, pero ya no depende de ti y es un deseo.

¿Qué quieres verdaderamente? Vamos a empezar por cambiar todos esos deseos por metas ¿Te acuerdas cuál es la diferencia entre un sueño o un deseo y una meta? Recuerda que es solamente una fecha lo que hace la diferencia. Es lo mismo "mi sueño, mi meta", nada más que la meta ya tiene una fecha, el sueño y el deseo no tienen nada, simplemente están ahí a ver cuándo sucede.

A partir de hoy vuelve tu lista de deseos en una lista de metas a lograr, tantas como tú quieras. Las vas lograr siguiendo estos cinco pasos.

1. Lo primero es que hagas una lista de los diez principales deseos que tengas, ya sean personales, profesionales, espirituales o de algún otro tipo. Lo importante es que los escribas. Si tienes oportunidad de hacer la lista antes de continuar leyendo, hazlo.

2. Ya que tengas escritos los diez principales deseos, el segundo paso es que subrayes o circules los dos más importantes para ti.

3. El tercer paso es que a esos dos deseos le pongas una fecha de cuándo los vas a lograr. "No me pongas a chambear, Ricardo", suele decirme mucha gente. ¿Quieres o no quieres? ¿Quisieras lograr eso o quieres lograr eso? Quiero que tú seas grande, que obtengas más éxito del que ya tienes, que logres muchas cosas tanto personales como profesionales y que seas un gran empresario, un gran dueño de negocio, un gran líder, ya sea de un grupo de gente en ventas, multinivel, comercial o en el área que quieras, pero yo lo que quiero es que tú te decidas a actuar desde hoy, no que te quedes como estás.

Si eres de las personas que realmente quiere o ya hiciste tu lista de diez deseos o sabes que terminando de leer este capítulo la vas a hacer, después circula los dos más importantes y ponles una fecha que sea posible, que sea lograble.

4. Ya que definiste la fecha, en cada uno de esos dos deseos que ya no son deseos, sino metas, el punto número cuatro es escribir cuál es el primer paso para avanzar rumbo a esas metas. Escríbelo a un lado: "mi primer paso es hacer esta llamada, mi primer paso es definir a quién le voy a llamar, mi primer paso es ir con el nutriólogo, mi primer paso es inscribirme al gimnasio" ... ¿Cuál es el primer paso que vas a dar? Quiero que lo escribas, no solamente lo pienses, escríbelo.

5. Ya que hayas escrito cuál es tu primer paso, ya que tengas esas dos metas definidas, quiero que se las cuentes a alguien que te importe mucho, en quien confíes y que sabes que te va a apoyar para lograr esas metas, pero sobre todo a alguien a quien tú no le puedas fallar, a quien te sientas mal si le fallas, porque si le dices a un amigo que no se compromete no te va a importar quedarle mal y no va a funcionar. Yo quiero que sea un compromiso entre tú y la otra persona.

Esto mismo que acabamos de hacer con estos dos deseos, de convertirlos en metas, se oye muy padre, dices "es muy sencillo". Claro que es sencillo convertir un deseo en una meta, hay que ponerle una fecha y las fechas se llegan. Lo he mencionado en otras oportunidades, cuando le di el anillo de compromiso a mi esposa, a los varios días, platicando con un tío me preguntó "¿ya le pusiste fecha?", le respondí que sí, y me dijo "cuando le pones fecha, se llega".

Por eso quiero que le pongas fecha, quiero que se llegue ese momento en el que tú disfrutes de ese deseo que tenías y que volviste meta. Eso que hiciste con estas dos metas, lo harás con las siguientes ocho. Ten esa lista de deseos bien clara, muy cerca de donde tú estés para que la veas con frecuencia y te ayude a enfocarte en hacer lo necesario día a día, semana con semana, para lograr esas metas y esos objetivos.

Espero que esta lista de deseos te ayude y que esto te sirva como una herramienta para ser mejor empresario, un mejor dueño de negocio, un mejor líder. Si tienes un grupo de gente a quienes estás apoyando, pídeles que hagan lo mismo, con deseos personales y profesionales porque a veces me encuentro con muchos dueños de negocio que me dicen "no, yo quiero que se enfoquen en cosas profesionales, en cosas del negocio". Pero somos seres humanos y si no estamos al 100 % como personas, no vamos a estar al 100 % como empresarios, como dueños de negocio, como equipo de trabajo o empleados.

Ocúpate en lugar de preocuparte

En una sesión de *coaching* vía Skype, hablaba con un cliente que con frecuencia enunciaba sus problemas, preocupaciones y razones por las cuales no podía mejorar ni hacer crecer su negocio, y como la asesoría se había tornado como las anteriores, le dije: "Oye, te estás enfocando en los problemas. Enfócate en soluciones, en ocuparte. No te preocupes. ¿Qué vas a sacar de tus problemas económicos? ¿Estar preocupado por esa situación o el ocuparte en conseguir más citas, más ventas, más prospectos?".

De inmediato, la persona dejó de decir cosas negativas y de platicar sus problemas, cambiamos la conversación hacia lo positivo, hacia cuáles eran las acciones que tomaría para ocuparse y que las preocupaciones se quedaran ahí, a un lado.

Llevamos en la cabeza todos los días las preocupaciones y luego, ¿qué sucede? No nos ocupamos en resolverlas, perdemos tiempo preocupándonos. Es la razón por la que te voy a enseñar cinco puntos para ocuparte en lugar de preocuparte.

Si quieres mejorar tu vida, debes enfocar tus esfuerzos para salir adelante. Todos tenemos problemas o, mejor dicho, todos tenemos situaciones o retos, vamos a ver cómo dejar de preocuparnos para ocuparnos.

1. Imagina que tienes un casco en la cabeza y te lo quitas

¿Qué es ese casco? Imagina que tienes la cabeza llena de preocupaciones económicas, familiares, de amistades, del trabajo, etcétera, esas preocupaciones son un casco que no te deja trabajar ni enfocarte en lo positivo.

Quítatelo como si fuera un casco físico. Tómalo y colócalo en un lugar donde no lo veas durante todo el día, guárdalo en algún cajón. No quiero que lo hagas mentalmente, debes hacerlo físicamente, toma tu cabeza con las manos y haz como si te quitaras el casco hacia arriba, déjalo en algún sitio donde no lo veas. Ahí se van a quedar tus preocupaciones.

2. Define de dos a cinco actividades que te ayudarán a salir de la situación actual

Luego que te quitaste el casco, comienza a pensar en positivo, en cómo solucionar la situación que te preocupa, piensa cómo arreglar ese reto.

Toma una hoja y escribe de dos a cinco actividades que si las haces te van a ayudar a salir de esa situación. Por poner un ejemplo, trabajo mucho con dueños de negocio, uno de ellos me dijo una vez: "No hay ingresos, no hay ventas", le pregunté cuántos prospectos de clientes ve diariamente, me respondió: "Ninguno, a veces uno a la semana", por eso mi cliente estaba en esa situación.

Las preocupaciones no te van a ayudar, enfocarte en los problemas tampoco, lo que debes hacer es ocuparte. Las dos o cinco actividades que escribiste te van a ayudar a salir de ese problema. En el ejemplo de mi cliente al que le faltan ventas, ¿qué debe hacer? Buscar prospectos, hacer llamadas, agendar más citas y tener cierres o aperturas de nuevos negocios.

3. Actúa, actúa, actúa

Mientras más estés trabajando, moviéndote, realizando actividades productivas, las preocupaciones van a quedar de lado, porque la acción te va a tener física y mentalmente ocupado. Así estarás buscando y encontrando las estrategias necesarias para llegar hasta donde quieres llegar, vender u obtener los resultados deseados.

Necesitas actuar con constancia. Si pasas mucho tiempo desocupado volverán a tu mente las situaciones negativas y no queremos eso, por ello, actúa, actúa y actúa. Mantente activo, no te pongas a pensar en las preocupaciones.

4. Evita conversaciones negativas que te hacen pensar nuevamente en las preocupaciones

No importa que sean compañeros de trabajo, familiares, amigos o conocidos: evita las conversaciones negativas. Éstas removerán tus sentimientos de miedo, inseguridad, te harán pensar que no puedes, que está difícil. Cuando presencies una conversación negativa, evítala, párate y vete, o pide por favor que no hablen de eso, que cambien de conversación.

Lo que ahora necesitas es mucha seguridad y confianza, creer en ti, creer en lo capaz que eres y dirigir tu vista hacia lo positivo, hacia lo que quieres lograr: metas, sueños, objetivos. Enfócate en lo positivo, no en lo negativo.

Recuérdalo: todo cambia, pero tus metas deben estar enfocadas en lo que quieres obtener, no en lo que deseas evitar. Si piensas en lo que quieres evitar, ahí regresan las preocupaciones; cuando te enfocas en lo que quieres, ahí empiezan los sueños.

5. *Piensa en soluciones, no en problemas*

Porque si piensas en problemas, lo único que harás será voltear hacia atrás y traer a tu mente preocupaciones, las cosas negativas que no te ayudan a crecer, que te impulsan hacia lo malo, lo negativo. Tu mente es tan poderosa que, si te enfocas en los problemas, a los que insisto hay que llamar "retos", traerás más. Entonces, piensa en soluciones.

Juntos, repasemos los cinco puntos para dejar de preocuparnos:

Paso 1: Imagina que tienes un casco en la cabeza y te lo quitas.

Paso 2: Define de dos a cinco actividades que te ayudarán a salir de la situación actual.
Paso 3: Actúa, actúa, actúa

Paso 4: Evita conversaciones negativas que te hacen pensar nuevamente en las preocupaciones.
Paso 5: Piensa en soluciones, no en problemas.

Utiliza estos cinco tips para ocuparte, en lugar de preocuparte.

NO TE RINDAS, DECIDE TRIUNFAR

Cómo obtener beneficios de tus "fracasos"

Fíjate que la palabra "fracasos" está entrecomillada en el título y lo escribí así para que comprendas que los fracasos no existen. Cuando eliminas la palabra "fracaso" de tu vocabulario, automáticamente desaparece también de tu vida, los grandes guías espirituales lo confirman.

¿Qué son los fracasos? Voltea atrás y sólo verás aprendizaje, así los describe la programación neurolingüística. Esos resultados te generaron aprendizaje, quizá no son los resultados que querías o buscabas, sin embargo, te dieron aprendizaje y debes utilizarlo para tu beneficio, para crecer y para superarte.

En este tema te enseñaré algunos tips sobre cómo beneficiarte de esos momentos del pasado que no fueron como querías. Te aseguro que puedes sacar muchos beneficios de esas situaciones pasadas. ¿Qué vemos nosotros? Normalmente nos enfocamos en lo negativo.

Supongamos que vas con un cliente a venderle algo, terminas dándote cuenta de que no tiene dinero para comprar tus productos o servicios, y yo te diría que, en vez de salir de ese lugar triste o cabizbajo, mejor te preguntes ¿qué puedes hacer en una situación de esas? Precisamente para sacarle beneficio al que me digan que no.

Algunos beneficios de los "fracasos" los comento en mi libro *El spa de las ventas*, que habla precisamente sobre cómo sacar beneficio de los "no" que te dan los prospectos. Te puedes beneficiar, por ejemplo, con que te contacte con más prospectos. A lo mejor esa persona se siente mal porque tú lo trataste muy bien, le ofreciste muy buena atención y servicio, es un excelente momento para pedirle referidos, que te dé nombres de personas a quienes puedes venderles.

He tenido muchos clientes que obtienen tantos beneficios de situaciones de ese tipo, dicen: "qué bueno que no logré esa venta, porque no haberla hecho me generó nuevos prospectos, y de cinco prospectos, vendí con tres". ¿Es un fracaso o un resultado positivo? Todo depende de ti, de cómo lo veas y proyectes o si te enfocas en lo positivo o en lo negativo.

Es importante que en ese momento en que los resultados no se dieron como querías, te hagas preguntas a ti mismo que enfoquen tu pensamiento en lo positivo de la situación. Porque cuando se nos presente un evento del que esperábamos otros resultados, si nos seguimos enfocando en lo negativo no vamos a obtener nada, será simplemente una situación de la que no obtuviste ningún beneficio. Ahora te detallo cinco puntos de cómo obtener beneficios de los "fracasos".

1. Ve a un evento del pasado en que no hayas logrado lo que querías obtener

Ese evento del pasado puede ser una venta con un cliente potencial, una acción para hacer crecer tu empresa o quizá un momento en que no lograste recuperar el peso ideal. Piensa en ese momento, seguramente tienes alguno en mente del que te puedes apoyar para hacer este ejercicio.

2. Revisa qué sí te funcionó en ese evento

De esa situación hay que sacar los aspectos positivos, escríbelos. Por ejemplo, fuiste con un cliente importante para venderle un producto o servicio y no se logró la venta, piensa qué sí funcionó. Posiblemente hiciste muy bien la llamada para conseguir la cita, a lo mejor hiciste buena relación con ese prospecto, porque a pesar de que no necesitaba tu servicio o producto te recomendó gente, quizá obtuviste más información y eso podrá ser útil para regresar con una mejor propuesta.

¿Qué sí te funcionó? Revisa cada uno de los aspectos, saca los positivos y escríbelos, haz una lista de todo lo positivo que se te ocurra de esa situación.

3. Revisa qué puedes mejorar para tener éxito en un futuro

Revisa qué puedes mejorar de la primera experiencia para tener éxito en el futuro. Pudiste haber mejorado el cierre, crear más confianza al inicio, llegar apropiadamente vestido, mejorar tu presentación. Escribe todo lo que crees que pudiste haber mejorado.

4. Reflexiona que hay muchas cosas positivas que sí te funcionaron

Estoy seguro de que escribiste muchos aspectos positivos, ahora piensa en esas muchas cosas positivas que sí te funcionaron, utilízalas a tu favor para motivarte y para saber que no todo salió mal.

Quiero que ahora veas esos aspectos positivos, los leas y digas: "¡todo lo hice bien! ¡No estoy tan mal! No es cierto que fue un fracaso, simplemente que mi resultado no fue el que yo quería". Reconócelo: si hiciste algunas cosas bien, puedes seguir haciendo otras cosas bien o mejor. ¿Cómo lo vas a hacer? ¿Qué vas a hacer? Utiliza a tu favor esa información que obtuviste para motivarte y para saber que no todo salió mal en esa situación.

5. *Emprende un nuevo plan que considere mejoras y retome lo que funcionó bien*

Emprende un nuevo plan específico para una actividad similar a la anterior. Piensa en que es una venta a una empresa importante, para ello ya tienes las herramientas que te funcionaron bien y sabes qué puedes mejorar. Elabora un nuevo plan con esas dos herramientas, ahora tienes un plan mejorado que te ayudará a lograr más ventas.

Cada uno de estos pasos los puedes seguir no sólo para una venta o para una actividad en tu empresa, también los puedes aplicar en tu vida personal, en situaciones o resultados que no obtuviste lo que querías utiliza estos cinco pasos que te van a ayudar a sacar beneficios de los "fracasos".

Los cinco pasos para obtener beneficios de los "fracasos" son:

Paso 1: Ve a un evento del pasado en que no hayas logrado lo que querías obtener

Paso 2: Revisa qué sí te funcionó en ese evento

Paso 3: Revisa qué puedes mejorar para tener éxito en un futuro

Paso 4: Reflexiona que hay muchas cosas positivas que sí te funcionaron

Paso 5: Emprende un nuevo plan que considere mejoras y retome lo que funcionó bien

Estos cinco puntos también te cambiarán la visión que tienes del pasado, voltea hacia atrás y, tomando en cuenta lo que acabamos de ver te pregunto, ¿realmente fue un "fracaso"? Estoy seguro de que ahora sabes que fue aprendizaje. Convierte todos los resultados en los que no obtuviste lo que querías en aprendizajes y te aseguro que cada vez vas a ser mucho mejor, porque con esto te estarás superando.

Aprende a tomar decisiones

Como siempre: tú decides. Ahora vamos a hablar de cómo tomar decisiones. En este tema hay algo muy importante, la toma de decisiones nos puede paralizar. Si no tomamos una decisión, estamos paralizados y no podemos crecer, no podemos avanzar. Por eso, es muy importante tomar decisiones rápido, aunque esto no quiere decir que vas a tomar siempre la mejor decisión. Lo que sí cierto es que siempre la decisión que tomes debe ser la que hayas sentido que es mejor para ti.

No importa, no sabemos hacia dónde nos va a llevar la vida, hacia dónde nos va a llevar el camino, lo importante es que la decisión que tomes sea realmente desde tu interior y no desde nuestro exterior. Porque puede pasar que tomamos decisiones con base en lo que las otras personas piensan, dicen, creen de nosotros o piensan que creemos o queremos nosotros, o tomamos decisiones por lo que quieren otras personas.

Evitamos tomar decisiones por otras personas o tomar decisiones nuestras que sean influenciadas por el pensamiento o a la forma de ver las cosas de otra persona. No hay decisiones difíciles, decisiones grandes o decisiones pequeñas, simplemente son decisiones, es lo mismo decidir qué voy a desayunar en la mañana a una decisión de cambiar de casa.

Me dirás: "No, Ricardo, claro que no, no es lo mismo, afecta diferente". Pero la decisión es la misma, es tomar una decisión y a veces nos bloqueamos, nos paralizamos cuando queremos tomar una decisión que aparenta ser muy complicada.

¿Realmente en qué te estás basando? ¿En lo que tú sientes? ¿En lo que alguien más está diciendo? ¿En lo que has leído? ¿En tu razón o intuición? ¿En qué te estás basando para tomar una decisión?

Ninguna decisión es complicada, las decisiones pueden o no cambiarte la vida, pero cuando no tomamos decisiones nos paramos, no avanzamos. Yo lo que quiero es que avances todos los días hacia tus metas, hacia tus objetivos, hacia lo que quieras lograr, que confíes en ti, confíes en lo que está dentro de ti.

Por eso quiero regalarte estos cinco pasos para tomar decisiones.

1. Toma en cuenta que una decisión jamás va a ser 100 % segura

Si tú quieres estar 100 % seguro de que la decisión que vas a tomar es la mejor, jamás lo vas a estar, lo único que va a suceder es que nunca vas a tomar la decisión, vas a estar postergándola y postergándola.

Date cuenta de que una decisión jamás va a ser completamente segura, entonces toma las decisiones más rápido, no esperes a encontrar la completa seguridad para evitar dañarte a ti o alguien más.

2. Piensa en qué es lo peor que te podría pasar si tomas una decisión

¿Qué es lo peor que te podría pasar? Piénsalo. A veces decimos "es una decisión muy difícil" y no es realmente difícil, simplemente hay que pensar en nosotros y en lo que sentimos.

3. Si no tuvieras miedo, ¿qué elegirías?

Si no tuvieras miedo a tomar esa decisión ¿cuál sería la decisión que tomarías? Acuérdate que muchas veces tomamos decisiones por miedo, decisiones de qué carrera voy a estudiar, voy a ser ingeniero porque a lo mejor a un ingeniero se le paga más que a un artista, por ejemplo, a un pintor o lo que sea, estos son ejemplos de cómo tomamos decisiones por miedo, y las tomamos con la razón.

Pero cuántas personas conoces que empezaron una carrera porque supuestamente era la carrera que les iba a dejar más dinero y se cambiaron, terminaron en otra completamente diferente porque no se sentían a gusto en la primera, porque no era realmente lo que habían decidido y tomaron una decisión con base en lo externo, sin tomar en cuenta lo que sentían.

4. Escucha, por favor, a tu intuición

A veces la razón y el pensamiento nos nublan y nos limitan a sentir la intuición. La intuición la tenemos desde el nacimiento, desde antes de nacer, todos los seres vivos tienen esa intuición. Nosotros también la tenemos, pero a veces la razón nos nubla, empezamos a pensar muchas cuestiones por razones externas y eso no nos permite avanzar.

Siente, escucha a tu intuición, ¿qué te está diciendo tu cuerpo? ¿Qué te está diciendo tu corazón? ¿Qué te están diciendo tus sentimientos? A veces queremos tomar decisiones rápido por cualquier razón, porque ya quedaste con una persona de hacer algo y quieres tomar una decisión rápida, pero sabes que no es el momento indicado, tu cuerpo te lo dice, te sientes nervioso, sientes algo en el estómago y al momento de tomar esa decisión dices "esto no es", pero como ya le dijiste a alguien tienes que tomarla porque no le puedes quedar mal.

Escucha a tu intuición, tu intuición te va a guiar, te va a ayudar a llegar a donde quieres y jamás te vas a equivocar si la sigues, hay que aprender a escucharla. ¿Cómo? De muchas formas, podemos empezar a meditar o hacer cosas que nos ayuden a tener la mente tranquila para poder escuchar la intuición y tomar decisiones con base en nuestro interior, con base en lo que realmente queremos, no con base en lo que otras personas quieren o lo que creemos que otras personas quieren.

5. Enfócate en lo que te haga feliz

¿Qué te va a hacer feliz a ti? Ve las dos opciones o las tres opciones, ¿cuál te va a hacer más feliz a ti? Enfócate en eso. Citemos el típico caso del niño a quien le gustó más el juguete barato que el juguete "de marca" que le regaló su padre. O como cuando, después de Navidad, los niños abren los regalos y se ponen a jugar con la caja del regalo. ¿No te parece gracioso que los niños se pongan a jugar con la caja del regalo en vez de con el regalo? Porque ellos están decidiendo ser felices. Decide tú lo que te haga feliz, enfócate en lo que te haga feliz a ti y a nadie más.

Con estos cinco pasos quiero que empieces a tomar decisiones de una forma distinta, que te enfoques en ti, que sientas lo que traes dentro porque ahí está la verdadera respuesta.

Cuántas veces queremos tomar una decisión y vamos con diez personas, amigos, familiares, compañeros, conocidos, a preguntarles a ver qué opinan. Seguramente ya te ha pasado, pregúntatelo sólo a ti, ¿qué saben los demás de tu vida? ¿Qué saben los demás de tu felicidad? ¿Qué quieres tú?

Repasemos los cinco pasos:

Paso 1: Toma en cuenta que una decisión jamás va a ser 100 % segura

Paso 2: Piensa en qué es lo peor que te podría pasar si tomas una decisión

Paso 3: Si no tuvieras miedo, ¿qué elegirías?

Paso 4: Escucha, por favor, a tu intuición

Paso 5: Enfócate en lo que te haga feliz

Espero que esto te ayude a aumentar tu éxito, a ser mejor, a confiar más en ti y a que los valores que hay detrás de tus metas, de tus sueños, de tus objetivos, te ayuden y te apoyen a impulsarte día a día y a lograr todo lo que quieres.

Que los miedos no te limiten, supéralos

Te enseñaré cinco tips para obtener beneficios de tus miedos. ¿Qué son los miedos? Son creencias que están dentro de nuestra mente y nos alejan de lo que queremos cumplir en nuestra vida, en lo personal y lo profesional. Los miedos están dentro, no son algo que está afuera, que podamos ver. Debemos eliminar los miedos y superarlos para lograr todo lo que queremos. Empezamos con el primer tip:

1. Debes estar consciente de que el miedo existe, pero es creado por ti mismo

Recuerda cuando eras niño: le temías a los monstruos, eran algo que tú mismo creabas, quizá las noches te daban miedo y los monstruos eran pensamientos que venían a ti porque habías visto una película o una caricatura que te hacía creer que en las noches los veías, escuchabas y sentías. Lo mismo pasa hoy en tu vida profesional. Quieres que tu negocio crezca, quieres crear estrategias nuevas y diferentes, pero te preguntas "¿qué hago si me arriesgo? ¿Y si invierto este dinero, y en vez de inversión termina siendo gasto?", todos esos miedos están en tu mente.

Las posibilidades están ahí para todos, para quienes las quiera aprovechar ¿y quienes terminan aprovechándolas? Quienes logran superar sus miedos. La idea no es eliminarlos por completo, lo que debemos aprender es cómo vamos a superarlos, porque siempre van a existir. Están ahí por alguna razón. Si te acercas a una casa donde hay un perro grande ladrando, te va a dar miedo, claro, porque te estás alertando ante algo, los miedos tienen esa función: alertar acerca de algún peligro. Ahora piensa en tu vida cotidiana y tus negocios, recuerda que el miedo está creado por ti mismo, tú decides superarlo o simplemente aceptarlo y dejar de ir por esos sueños y objetivos que tienes.

Por ejemplo, quieres lanzar un nuevo producto al mercado, pero sientes miedo de hacerlo. Recuerda que ese miedo está fundado en ti mismo, en tus inseguridades, creencias, en algo que te está afectando. Cuando estés consciente que el miedo es creado por ti, pasaremos al tip número dos.

2. Aprovecha ese miedo para obtener información y aprendizaje de la situación

Nuevamente imagina que vas a lanzar un nuevo producto de tu empresa al mercado y tienes miedo porque tienes dudas: no sabes cómo va a funcionar, si tendrá un buen resultado, si la gente lo va a comprar, si les gustará, etcétera. Todos esos miedos que tienes en tu mente te están afectando para lanzar tu producto. Bueno, aprovecha ese miedo para obtener aprendizaje e información de la situación.

Si tienes esos miedos, empieza a revisar tu producto. Haz pruebas de mercado, verifica si a la gente le gusta, si el precio es adecuado, si los colores de la marca son agradables, si el logotipo es correcto, el empaque es el apropiado. Revisa todos esos aspectos, comienza a quitar esos miedos y dudas por ti mismo.

Si en tus estudios de mercado, encuestas o entrevistas, todos te dicen que el empaque es pésimo, trabaja en ese aspecto y cuando te digan que a la mayoría les gusta el empaque, ya tienes mayor tranquilidad y vas a haber superado ese miedo. De esta forma podrás darte cuenta que tu miedo es más grande que la realidad, dirás "sí es cierto, mi miedo es más grande que la realidad que voy a enfrentar".

3. Asegúrate de que ese miedo te hará crecer

Por ejemplo, cuando haces algo nuevo que te produce inseguridad o miedo, date cuenta de que al superarlo vas a dar un paso enorme y vas a crecer. Y, por lo tanto, saldrás de tu zona de confort. Cuando nos atrevemos a hacer algo que nos generaba inseguridad estamos expandiendo nuestra zona de confort, nos estamos haciendo más fuertes, estamos aumentando nuestra posibilidad de éxito y nuestra grandeza, porque al hacer cosas nuevas, aprendemos y crecemos. Recuerda que lo que no crece en este mundo, se muere.

4. Acepta el miedo como algo bueno

Acepta que tienes ese miedo y haz algo para eliminarlo. Muchas personas me han dicho que tienen miedo al fracaso, cuando hacen esta declaración, yo les pregunto: "¿en tu vida ya has fracasado alguna vez?" La mayoría me responde que sí. Entonces les pregunto: "¿Y a qué le tienes miedo, si ya lo conoces?"

Francamente, mucha gente le tiene miedo al éxito y pocas son las personas que lo aceptan y dicen "le tengo miedo al éxito". Puedo asegurarte que un gran porcentaje de los seres humanos le tiene miedo al éxito, porque no lo conocen todavía, o al menos en el grado que quieren, no saben cómo van a reaccionar ante el éxito. Ese miedo los limita a hacer cosas diferentes para crecer, para superarse, para lograr esas metas o esos sueños que tienen.

El miedo al éxito puede tener muchas razones: no sé cómo lo voy a manejar, porque dicen por ahí que una persona muy exitosa y que tiene mucho dinero es odiosa, etcétera. Éstas quizá son creencias que tenemos del pasado y no queremos vernos así, o a lo mejor son sólo excusas.

¿Te has preguntando si le tienes miedo al éxito? ¿A qué le tienes realmente miedo, al éxito o al fracaso? Seguramente debes de estar pensando: "claro que no le temo al éxito, le temo al fracaso". Perfecto, sigue diciéndote a ti mismo que no le tienes miedo al éxito, al contrario, di para ti mismo que quieres ser más exitoso y aumentar tu éxito todos los días.

5. Cuando tengas miedo de hacer algo diferente, reta a ese miedo

Cuando tengas miedo de hacer algo diferente, reta a ese miedo para que tengas una razón más para superarte a ti mismo. Y repítete a ti mismo: "Mañana me estaré riendo de esta inseguridad".

¿A qué me refiero con la expresión "reta a esos miedos"? Si tienes un miedo porque algo te provoca inseguridad, por ejemplo, que este mes debes vender cierta cantidad para estar dentro de los primeros lugares de la compañía, rétate a ti mismo y a ese miedo que te dice "es muy complicado, ¿cómo voy a vender 100 piezas cuando normalmente vendo 50?". Reta al miedo y dile "no me vas a vencer, de que puedo, puedo, ¿cómo lo voy a lograr? Muy sencillo, haré el doble de llamadas de las que hago cada mes, listo". Entonces, reta a esos miedos para eliminar inseguridades y ríete, recuerda que mañana te vas a estar riendo de ese miedo o inseguridad.

Espero de todo corazón que estos cinco tips te ayuden a superar tus miedos personales o profesionales, porque todo está creado en nuestra mente, no hay más allá. Supera esos miedos porque te limitan para triunfar, evitan que seas mejor y más exitoso.

Cómo superar los nervios antes de un evento importante

Eran las 7:55 de la mañana, estaba a cinco minutos de dar mi primera presentación y me temblaban los pies. No sabía qué hacer en ese momento, un momento de nerviosismo, un momento en donde no sabía si correr o seguir adelante con esa presentación.

Los nervios que te atacan antes de un momento importante, ya sea una presentación en público, un examen, una prueba, cuando vas a pedir matrimonio, en el momento en que vas a hablar con alguien sobre algo importante como un negocio, cuando estás frente a un prospecto y va a empezar la apertura del nuevo negocio, son momentos para los que debes estar bien preparado. Los nervios jamás los vamos a evitar, pero sí podemos aprender a superarlos. Para ello te compartiré seis estrategias que te van a ayudar a superar los nervios antes de una situación importante en tu vida, personal o profesional. A todos nos ha pasado estar nerviosos y no saber qué hacer.

1. Busca un lugar para liberarte de la tensión

Ve a un lugar privado donde puedas saltar, brincar, incluso gritar, liberarte de la tensión, haz muecas, haz movimientos para relajarte. Funciona si vas a dar una presentación, a presentar un examen o a hablar con un cliente. Libera la tensión de alguna forma, aplaude, haz tu movimiento de poder. Busca liberarla de la forma que te funcione.

2. Prepárate muy bien

Esto es importantísimo. Prepárate muy bien, entre más preparado estás, menor será el nerviosismo. ¿Por qué? Porque si te sientes seguro en el momento que vas a dar una presentación, a presentar un producto o servicio a un cliente, si estudiaste mucho para tu examen, por consecuencia, te vas a sentir mejor y el nerviosismo se reducirá. Prepárate muy bien.

3. Recuerda un momento similar en el pasado en donde hayas hecho bien las cosas

Piensa en el pasado y di: "¡Ah!, recuerdo que una vez hice algo similar y me fue bien, recuerdo una vez que hice algo similar y no salió tan mal". ¿Para qué haces esto? Para reducir el miedo y la inseguridad, recuerda un momento del pasado donde tuviste éxito en una situación similar.

4. Confía en ti

Lo más importante es que seas tú mismo al momento de realizar lo que vayas a hacer, no intentes imitar a nadie, no copies. Sé tú mismo. Recuerda el caso de la esposa de Donald Trump quien copió un *speech* que dio Michelle Obama, creo que en el 2008 o el 2009. Utilizó las mismas palabras, no sabemos si ella se las copió, si su equipo se copió de ese *speech* y se lo pasó a ella, pero qué ridículo hizo. Pero ¿por qué lo hizo? Porque no fue ella misma, utilizó palabras de alguien más, cuando ves el video y observas cómo habla, no le crees nada. ¿Por qué? Porque no está siendo ella misma. Recuerda, sé tú mismo, porque de esa forma vas a fluir mejor.

5. Utiliza mi famosa pregunta

¿Qué es lo peor que puede pasar si las cosas no salen como están planeadas? ¿Qué es lo peor que puede pasar? Cuando te respondas, te darás cuenta de que lo peor no es tan complicado o grave. Créeme, si vas a dar una presentación y te equivocas en algo pocas personas se darán cuenta que te equivocaste ¿por qué? Porque el que sabe de la presentación eres tú, no las personas que están frente a ti, ellos no saben lo que vas a presentar. Si dijiste carro rojo en lugar de decir carro verde, ellos no saben que ibas a decir verde en lugar de rojo, no importa.

6. Diviértete y fluye

Diviértete y fluye mientras estés en el momento importante ¿por qué hay que tomar en cuenta este punto? Cuando te estás divirtiendo las cosas salen de forma natural. Cuando estás haciendo un examen o dando una presentación, conferencia o al momento de proponerle matrimonio a la persona que amas, cuando llegas con un cliente o con el dueño de una empresa para proponerle una negociación, debes divertirte y fluir, es lo que queremos que suceda. Diviértete y fluye para que salgan mejor las cosas.

En cinco pasos, convierte tus fracasos en triunfos

Hace muchos años, vivió una persona que nos enseñó algo grande, esa persona se llama Thomas Alva Edison y fue el inventor del foco. Edison nos enseñó que cada fracaso que tuvo no fue un fracaso sino un triunfo. ¿Por qué? Porque convirtió sus fracasos en aprendizajes. Una persona que trabajaba con él, le dijo: "Maestro, date por vencido, has fracasado más de mil veces", pero Thomas Alva Edison le respondió: "¡Espera!, no he fracaso más de mil veces, he encontrado más de mil formas de cómo no se hace un foco". Quiero utilizar esta historia para apoyarte y que conviertas tus fracasos en triunfos.

Por eso te compartiré cinco puntos que te ayudarán a lograrlo. La programación neurolingüística afirma que no existen los fracasos, sino aprendizajes, y yo creo lo mismo. Existen los resultados, positivos o negativos y de esos resultados tú decides si quieres aprender de ellos para mejorar o no. Puedes sumirte en lo más profundo de la negatividad y decir "soy un tonto, no sirvo para nada". Tú decides qué harás con esos resultados.

Te puedo asegurar que, si empiezas a aprender de todos tus resultados, tanto positivos como negativos, vas a crecer y mejorar sin lugar a dudas. Nadie en este mundo, ningún gran gurú, gran empresario o dueño de un negocio exitoso, empezó sin ningún resultado negativo. Quizá esas personas convirtieron en positivo sus resultados negativos basándose en la estrategia que te compartiré, síguela para que todos tus resultados sean positivos.

¿Cómo logramos convertir un fracaso en un triunfo? Aprendiendo de él. ¿Y qué vamos a aprender de este resultado no tan positivo para lograr convertirlo en un triunfo? ¿Qué he aprendido en el camino con mis clientes?

1. Acepta tu responsabilidad

Pensar: no hice lo correcto, no lo hice como debía, aceptar que es tu responsabilidad pase lo que pase, sea el resultado que sea. Siempre será tu responsabilidad, empezando por las metas que dependen de ti, ahí está el primer paso para convertir tus fracasos en triunfos.

2. Encuentra qué sí te funcionó

Usualmente vemos sólo lo negativo y nos enfocamos en lo que no funcionó, en lo que nos llevó al fracaso o al resultado negativo, pero pocas veces volteamos a ver lo que sí nos funcionó. Eso que ya hicimos bien lo podemos optimizar. ¿Para qué?, para obtener mejores resultados.

3. Confía y siéntete seguro de ti mismo

¿Por qué? Porque estás aprendiendo de ese resultado, y al aprender, adquieres más experiencia. Hay personas que llegan conmigo, dueños de negocios o que se dedican a las ventas, y tienen años en eso. Les pregunto cuándo fue el mejor año en ventas para ellos, alguno contesta que fue cinco años atrás y yo le hago ver que hoy tiene más experiencia que hace cinco años. Entonces ¿por qué razón hoy, con más experiencia, no logra esos resultados? Nadie responde a esa pregunta. Pero se dan cuenta que sí han podido en el pasado y eso les da confianza para lograrlo nuevamente y superarlo.

4. Aprende de todo: lo que no te ayudó y lo que sí te ayudó

Nuevamente, con facilidad nos enfocamos en lo que no nos ayudó. Yo te invito a que reconozcas qué no te ayudó, qué no te funcionó correctamente; y también a que revises y repitas lo que sí te funcionó.

5. Encuentra cómo vas a mejorar esa situación

No quiero que lo busques, quiero que lo encuentres. No busques la solución, encuéntrala, encuentra cómo vas a lograr superar esa situación, mejorar lo que has hecho hasta el momento.

No es sencillo aprender durante los malos momentos, porque requiere que nos sobrepongamos y veamos lo bueno de la situación. Es difícil sonreír cuando no estamos felices ¿cierto? Es difícil responder de forma positiva cuando nos sentimos fracasados y se requiere disciplina para hacer las cosas correctas cuando todo va erróneamente.

¿Cómo lograremos estar emocionalmente fuertes cuando estamos exhaustos? ¿Cómo nos levantaremos cuando hemos tropezado? Para eso estoy aquí, para apoyarte, para que leas estos temas. Podría ser que no todos te gusten, pero lo importante es que siempre estés enfocado y que utilices estos cinco puntos para convertir tus fracasos en triunfos, porque ahí es donde vas a volverte una persona verdaderamente exitosa.

El pensamiento realista confirma al optimista

Quizá alguna vez has escuchado a alguien decir "no, eso es mentira, es irreal, es muy difícil", eso es un positivismo falso. Me gustaría que al finalizar este capítulo aprendas a convertir los pensamientos positivos en pensamientos realistas, que te conviertas en una persona realista.

Cuando convertimos ese pensamiento positivo u optimista en un pensamiento realista, todo cambia. ¿Cómo lo podemos convertir a un pensamiento real? Muy sencillo, si quiero vender diez veces más de lo que vendí el año pasado, primero tengo que revisar cuánto vendí el año pasado. Ya que sé la cantidad, debo saber con cuántos clientes lo logré. Para vender diez veces más, ¿cuántos clientes necesito? Al saber la cantidad de clientes, deberé saber cuántas llamadas tengo que hacer, cuántas citas, cuánto tengo que trabajar extra o trabajar de forma más inteligente. De que se puede crecer diez veces más, se puede, ya he apoyado a muchas personas que han multiplicado, triplicado o más sus ingresos.

1. Tener un pensamiento positivo, te dará un objetivo y un plan acción

Si tienes un pensamiento realista ya sabes lo que quieres, hacia dónde vas, el siguiente paso es actuar para avanzar rumbo a él. Cuando no eres realista y tienes un pensamiento positivo, es un pensamiento optimista falso, no

111

vas a tener un objetivo claro, no tendrás una meta y no actuarás. Eso quiere decir que tienes un pensamiento de una persona optimista falsa, que no hará nada para lograrlo.

2. Pensar realistamente es el principio de tu cambio; convierte tus pensamientos positivos en pensamientos reales

Cuando lo haces empiezas a ver que sí se puede, que sí vas avanzando, que estás creciendo, subiendo un escalón a la vez. En el momento en que conviertes tu pensamiento optimista en un pensamiento realista, ése es el principio de tu cambio.

3. Un pensamiento realista también te otorga seguridad para seguir avanzando

Cuando ves las cosas de forma real, las ves en blanco y negro, piensas "¡sí se puede!" Esa visión te otorga la seguridad para sentirte tranquilo, para seguir avanzando rumbo a tu meta. Por eso es importante ser realista al mismo tiempo que somos optimistas para seguir creciendo. Recuerda que nuestras metas deben ser retadoras y posibles.

4. El pensar de forma realista te da credibilidad

Y le da credibilidad a los demás sobre ti, sobre lo que estás haciendo y sobre cómo lo estás haciendo. Cuando lo colocas de forma realista, utilizas números, cifras, un plan de acción, un diagrama de Grantt, que te ayuden a avanzar, la gente va a creer en ti, y sobre todo que tú mismo vas a creer en ti. Es uno de los principios del cambio.

5. Convierte tu sueño en realidad

Cuando pensamos de forma realista, convertimos nuestros sueños en realidad. ¿Por qué? Porque empezamos a definir metas, específicas, medibles y logrables. ¿Recuerdas cuál es la diferencia entre un sueño y una meta? Una fecha. Cuando colocas fechas de forma realista, empiezas a pensar concretamente y comienzas a definir metas. Cuando defines metas estás colocando fechas y cuando colocas fechas, estás convirtiendo tus sueños en metas, y de esa forma estás logrando convertir tus sueños en realidad.

La fórmula para eliminar tus problemas rápidamente

La mayoría de las personas decimos que tenemos problemas. Estos suelen ser de todo tipo: personales, profesionales, de negocio, de ventas, etcétera. Pero hay una fórmula para solucionarlos que me ha funcionado tanto con mis clientes particulares como en mis conferencias, seminarios, etcétera.

La fórmula para eliminar los problemas rápidamente está compuesta de pasos muy sencillos. Tanto, que cuando los leas dirás: "¡Qué fácil es eliminar mis problemas!". Te la compartiré y verás que no requieres hacer algo muy complicado para eliminarlos. Todos los tenemos, aunque como bien sabes a mí no me gusta llamarlos "problemas" sino retos. Lo importante en este capítulo es que descubras que todos podemos eliminarlos rápidamente.

Aquí están los pasos de la fórmula para eliminar los problemas:

1. Escribe el problema

Escribe en una hoja tu problema tal como lo tengas, tal como lo veas, lo visualices, lo entiendas. Una vez que lo hayas escrito, míralo y vuélvelo a leer.

2. Pregúntate si en diez años el problema te va a importar

Piensa si realmente el problema que ahora contemplas te importará en diez años o si pasado ese tiempo te vas a reír.

Lo más seguro es que pasen los años, te reíras y digas "¿por qué me preocupé tanto por eso?". Ríete del problema desde ahora, no esperes a que pasen diez años, empieza a cambiar tu mentalidad hacia una mentalidad positiva, que tu mente se desarrolle constantemente para potencializar tu desempeño y evitar pensar en ese "problema".

3. Piensa en problemas que has superado en el pasado

¿Recuerdas problemas similares o más grandes con los que te enfrentaste y que has solucionado? Recuerda problemas que tuviste hace cinco o diez años, ¿te ríes de ellos ahora?

4. Vuelve a escribir el problema, pero esta vez como un reto

¿Cómo puedes escribir un problema como si se tratara de un reto? Tienes que cambiar la perspectiva, sustituye la palabra "problema" por la palabra "reto".

Supongamos que no tienes ningún prospecto de cliente y por ello, no tendrás ingresos. Ahora escribe el problema como reto, puedes empezar con las siguientes frases o preguntas: ¿Qué tengo que hacer para conseguir más prospectos y vender más? ¿Qué necesito hacer para vender el día de hoy? ¿Qué tengo? ¿Qué necesito?

Formula tus frases y verás que de inmediato en tu mente el problema se convirtió en un reto y lo afrontarás de forma diferente. Antes, pensar esa situación te provocaba preocupación y estrés, ahora pensarás en la acción, la creatividad y la emoción.

Si cambias la palabra problema por reto, cambiará también tu forma de verlo, lo escribirás de manera distinta, que te hará pensar y crear nuevas ideas para resolver esa situación ahora llamada reto.

5. *Define la primera acción que tomarás para resolver ese reto*

Una vez que convertiste el problema en reto al escribirlo y pensarlo de forma diferente, ahora sí puedes pensar en cuál es el primer paso que vas a tomar para vencer este reto. Piensa y escribe el primer paso. Por favor, no escribas algo como "quiero más referidos", en este apartado debes definir cuál es la acción a realizar.

Piensa qué vas a hacer, ¿le hablarás a tus clientes actuales para pedirles referidos o sacarás la Sección Amarilla y hablarás a todas las personas que te sean posible? ¿O te irás al supermercado y abordarás a personas para preguntarles si requieres de tus servicios o productos? ¿Qué vas a hacer? ¿Cuál será la primera acción que vas a tomar para resolver tu reto?

De esta forma con estos cinco puntos, siguiendo estos pasos vas a eliminar el problema de tu mente, y cuando empezaste con un problema que era "no tengo referidos, no tengo ingresos, no sé cómo obtendré ingresos", ahora, ya tienes una primera acción para obtener ingresos. Son cinco pasos muy sencillos que te ayudarán a crecer, a superarte y a lograr todos los retos que te propongas. Cambiemos la palabra "problema" por "reto", y todos nuestros problemas se convertirán automáticamente en retos.

Mis problemas son muy graves, muy difíciles, y no puedo convertirlos en retos. ¡Por supuesto que puedes! Recuerda que las circunstancias de la vida no las podemos cambiar, lo que sí puedes cambiar es cómo las enfrentas, es exactamente de lo que estamos hablando. Hay una circunstancia en la vida por "X" razón que la estás viendo como un problema, cámbiala, enfréntala de una manera diferente, sea cual sea, sea profesional, familiar, en los negocios, en el crecimiento personal, sea un problema con alguien de tu equipo. En vez de verlo como problema, míralo como un reto y automáticamente se resolverá rápidamente.

Una vez que conoces los cinco pasos para eliminar tus problemas, harás lo siguiente: buscarás una actividad para "batear". Antes piensa en esos problemas o retos que tienes, piensa en todos, ya que los tienes en mente, piensa, imagina que eres un gran beisbolista, puedes ser el famoso Babe Ruth o imagina que eres un súper héroe y tienes una gran espada, imagínala del tamaño y color que desees, lo importante es que tengas algo para batear tus "problemas". Ahora imagina que frente hay muchas pelotas que tienen grabada la palabra "problema", prepárate y adopta una postura de éxito. Puedes sentarte o levantarte, toma ese bate o espada y comienza a batear físicamente todas las pelotas, ¡pum, pum, pum! No te avergüences, ¡hazlo! Esas pelotas ya no están, las has bateado todas, ya no tienes "problemas", los eliminaste, los has mandado fuera del estadio.

Mi deseo es que al leer este capítulo, y sobre todo al realizar los pasos que te sugiero, te hayas quitado peso de encima, Que la carga que tenías por algún "problema" lo hayas eliminado e inicies el día al máximo, disfruta tus días al máximo, aprovéchalos.

La neblina es pasajera

Cuando estamos en el mar, en la montaña o en un lugar donde hay mucha neblina, sabemos que si esa neblina está más abajo es muy seguro que va a hacer calor o va a cambiar el clima.

Es muy similar a lo que nos sucede en días complicados. Todos tenemos días muy buenos y llenos de satisfacciones, y otros días donde suceden infinidad de cosas, una llamada negativa, una situación incómoda con nuestro compañero de trabajo... En días como esos piensas "he hecho tanto esfuerzo, día a día he trabajado, estaba tan cerca de terminar ese negocio y no lo logré".

En esos momentos, lo primero que hacemos es culparnos y culpar a alguien más, siempre buscamos culpables. Sin embargo, no siempre existe ese culpable, uno siempre es el responsable, porque uno puede hacer que las cosas sucedan, sin embargo, no está completamente en nosotros.

Si, por ejemplo, un cliente decidió no trabajar más contigo ni con nadie más por cualquier razón, ese día para ti puede ser muy complicado porque tú lo estabas esperando con ansias porque era el cierre de un gran negocio, era el inicio de una nueva relación con este prospecto y no se dio.

Lo importante es que tomemos bien ese día, pero ¿cómo hacerlo? Estando conscientes de que la neblina de ese día no estará al día siguiente. Todo está en nosotros, si nos

119

juzgamos, si maldecimos, si pensamos negativamente, lo único que vamos a atraer son más cosas negativas.

Te daré cinco estrategias para que las utilices en estos días. Préstales atención, son muy sencillas y te ayudarán a cambiar la visión de cómo tomas un día malo, lo verás de forma distinta. Se vale sentirnos tristes, pero recuerda, tenemos que levantarnos rápido porque viene la siguiente ola.

1. No tomes decisiones importantes en días complicados

Es muy importante que evites tomar decisiones que vayan a cambiar el rumbo de tu vida o de tu negocio, porque en esos días no estamos pensando al cien por ciento, no estamos del todo lúcidos. Hay decisiones que nos pueden perjudicar de por vida, si ese día debes tomar una decisión importante porque tienes una reunión, busca cambiar la reunión o hacer algo, pero no tomes decisiones importantes ese día.

2. Siempre mira fijamente hacia tus metas

A pesar de ser un día complicado, no dejes de mirar fijamente hacia tus metas jamás. Recuerda que hacerlo te va a llevar hacia dónde quieres. Ten en mente siempre tus metas, para eso te ayuda mucho el mapa del tesoro que viene en uno de estos capítulos.

3. Piensa cómo te vas a sentir dentro de 10 años cuando recuerdes este día

Aunque sea complicado, seguramente en diez años te reirás de muchos malos días.

4. Termina tu día complicado haciéndote las preguntas correctas

Las preguntas correctas son las siguientes:

* ¿Qué fue lo que aprendí hoy?

* ¿Qué me hizo crecer como persona hoy?

* ¿Qué fue lo que más disfruté el día de hoy?

* ¿Qué fue lo más productivo que hice este día?

5. Inicia tu siguiente día como nuevo

No pienses en lo malo que fue el día anterior, piensa que este día es una nueva oportunidad de brillar. Cuando te levantes al día siguiente de un día complicado, sé consciente de que es una nueva oportunidad. No pienses en lo que sucedió ayer, piensa en lo que vas a hacer hoy para convertir este día en uno productivo, en un día de éxito verdadero. De nada sirve mirar atrás.

La decisión siempre es tuya, recuerda que las creencias o las ideas las tenemos en nuestra mente, no están en otro lugar. Cualquier día estamos elevados, con una sensación y unos sentimientos muy emotivos y cambiamos nuestro estado de ánimo por una llamada o por cualquier otra situación. Pasamos de estar arriba a irnos hasta el suelo. No te permitas ser tan drástico.

Casi siempre la situación del día está en tu mente, cámbiala y utiliza las cinco estrategias que repetiré rápidamente:

Estrategia 1: No tomes decisiones importantes en los días complicados.

Estrategia 2: Siempre mira fijamente hacia tus metas.

Estrategia 3: Piensa cómo te vas a sentir dentro de 10 años cuando recuerdes este día.

Estrategia 4: Termina tu día complicado haciéndote las preguntas correctas.

Estrategia 5: Inicia tu siguiente día como nuevo.

Espero que estas cinco estrategias te ayuden a salir adelante en esos días complicados y difíciles, recuerda que a veces las situaciones complicadas están sólo en nuestra mente.

Sal de tu zona de confort y triunfa

Recuerda que la motivación es como ir al gimnasio, debemos actuar con constancia y metiendo información en nuestra mente para estar motivados, y aún mejor si logras inspirarte para obtener lo que quieres con ese fuego interno que te mueve a levantarte todas las mañanas a lograr tus metas y objetivos. Te voy a dar cinco tips para salir de tu zona de confort y triunfar.

¿Qué es la zona de confort? Es un espacio virtual en el que nos mantenemos sin movimiento, sin crecimiento, sin superaciones, sin hacer cosas para ser mejores como personas, empresarios o ejecutivos. Es un lugar del que no nos movemos, donde no crecemos y no hacemos nada. Zona de confort no es lo mismo que estar cómodo, porque quizás estás en una zona de confort, pero estás incómodo.

Una zona de confort puede ser que estés constantemente con deudas y no hagas nada para salir de ahí, que con frecuencia estés sufriendo por los pocos ingresos que tienes porque no haces nada para vender más y no haces nada para salir de ahí. Zona de confort también es que estés haciendo algo que no te gusta, pero es lo que sabes hacer, entonces lo sigues haciendo aunque no te produzca retos.

Estar en la zona de confort no te produce nada positivo porque no estás creciendo. Recuerda que en este mundo todo lo que no crece, se muere. Yo quiero que tú crezcas, que salgas de esa zona de confort, que hagas cosas nuevas, cosas interesantes, cosas para lograr tus metas y objetivos, que aprendas cosas nuevas precisamente para salir de tu zona de confort y lograr todo lo que quieres: triunfar en la vida, en los negocios, triunfar para crecer y superarte.

Es como ir a una fiesta donde conoces gente nueva, al principio no conoces a nadie y con el sólo hecho de asistir a la fiesta estás saliendo de tu zona de confort, porque no es lo mismo ir al mismo lugar con los mismos amigos todos los fines de semana a ir a una fiesta con gente nueva. Ir a una fiesta con los mismos amigos de siempre es estar en tu zona de confort, y no digo que sea malo, sin embargo, no estás aprendiendo nada nuevo. En cambio, si vas a una reunión donde hay gente nueva, empiezas a sentir incomodidad y nervios, ese momento es cuando estás saliendo de tu zona de confort, crecen tus horizontes cuando comienzas a conocer a personas nuevas y comienzas a hacer nuevos amigos, comienza a crecer tu zona de confort.

Te invito a que salgas de cualquier zona de confort en la que estés en tu vida personal o profesional. Tal vez en tu negocio tus ingresos son bajos y así te sientes cómodo porque cubren tus necesidades, sin embargo, no estás creciendo, no adquieres cosas nuevas que probablemente quieras comprar o no haces esos viajes que tanto deseas. Sal de tu zona de confort, haz el esfuerzo.

1. Intenta hacer algo nuevo que no te cueste tanto

Algo sencillo. Da un primer paso. Comienza paso a paso para salir de tu zona de confort. Busca en las actividades diarias de tu negocio o de tu vida qué puedes hacer que te lleve un paso hacia adelante para salir de tu zona de confort. Puede ser buscar un cliente nuevo, buscar al cliente más importante al que siempre has querido llegar, pero no te has atrevido y nunca has hecho nada para lograrlo. Da un pequeño paso a la vez para salir de tu zona de confort y que no te cueste tanto.

2. Haz conciencia de cuánto te costó hacer ese cambio

Seguramente muy poco, ¿verdad? Seguramente de no hacer nada de ejercicio a ir tres veces por semana a caminar no te costó tanto. Una vez que hayas hecho eso, piensa, haz conciencia de cuánto te costó hacer ese cambio. Luego de haber hecho conciencia y darte cuenta de que no te costó tanto, entonces ve al tercer tip.

3. Piensa cómo te sientes ahora que lo lograste

Piensa en cómo se siente haber avanzado. ¿Acaso no se siente bien cuando haces algo y sabes que estás avanzando hacia un lugar? Por ejemplo, ¿cómo te sientes cuando aprendes algo nuevo? ¿Cómo te sientes cuando terminas algún seminario, evento o conferencia donde aprendiste algo? Se siente muy bien porque estás avanzando, estás creciendo. Entonces piensa bien cómo te sientes ahora que lograste ese pequeño paso. Yo sé que te faltan más pasos, sin embargo, ya tomaste tus primeras acciones y vas avanzando.

4. Identifica qué aprendiste de hacer algo distinto

¿Qué aprendiste? Quizás aprendiste que sí se puede, que no es tan difícil, que es muy sencillo, que se siente bien, muchas cosas. ¿Qué aprendiste de hacer algo distinto?

5. Encuentra algo que te cueste un poco más pero que realmente quieres hacer

Piénsalo bien, algo que te cueste un poco más pero que realmente quieres hacer y no lo has hecho por miedo o por pereza. Empieza a salir de tu zona de confort, salir de la zona de confort es cómo te sientes cuando empiezas a manejar. Comienzas a manejar y estás con las manos en el volante, sudando, apretando el volante fuerte, volteas a ver los espejos repetidamente, luego te vuelves a acomodar en el asiento y lo sigues haciendo una y otra vez, hasta que llega un momento en el que inconscientemente manejas. Es un ejemplo de salir de tu zona de confort y de cómo se siente en los momentos en que estás en tu zona de confort.

Te pido ahora que pienses qué acciones vas a tomar el día de hoy con estos cinco pasos. ¿Qué acciones vas a tomar para cambiar tu vida en lo personal y en lo profesional? Te pido una acción en lo personal y una en lo profesional, hazlo esta semana. Inicia esta semana saliendo de tu zona de confort.

Otro ejemplo para salir de tu zona de confort que cito muchísimo con los dueños de negocios, con asesores y vendedores independientes con los que he trabajado es buscar algo que te empiece a doler. Invierte en un terreno, en una casa, gasta en un carro nuevo, algo que te guste y que todos los días te mueva a superarte.

¿Qué pasa cuando estás muy a gusto con lo que ganas? No creces, no haces nada nuevo. Ponte metas, objetivos y traza sueños. Empieza a ver cosas más grandes para que te ayuden a crecer y a salir de tu zona de confort, y acuérdate que muchas veces no queremos salir de ahí porque nos da miedo hacer cosas nuevas o diferentes.

Vamos a crecer, vamos a hacer algo para superarnos cada día, para salir de nuestra zona de confort, ampliarla y superarnos. Haz algo diferente esta semana que te haga salir de esa zona de confort para que sientas realmente cómo es salir de ella.

Para finalizar quiero repetirte nuevamente estos cinco pasos:

Paso 1: Intenta hacer algo nuevo que no te cueste tanto.

Paso 2: Haz conciencia de cuánto te costó hacer ese cambio.

Paso 3: Piensa cómo te sientes ahora que lo lograste.

Paso 4: Identifica qué aprendiste de hacer algo distinto.

Paso 5: Encuentra algo que te cueste un poco más pero que realmente quieres hacer.

De corazón espero que este libro te esté ayudando a crecer, porque te mereces lo mejor.

Tres pasos para hacer que las cosas sucedan

Durante el día tenemos muchísimas actividades por hacer, pero no siempre logramos concretarlas. Este capítulo te ayudará a que mejores como persona y que logres que las cosas pasen en tu vida.

Existe una diferencia enorme entre cómo vivíamos antes y cómo es la vida ahora. Antes las cosas eran más tranquilas, más calmadas. Había poca tecnología y no existían las computadoras. Si en una oficina se iba la luz eléctrica, no pasaba nada, abríamos las ventanas, prendíamos una vela y seguíamos trabajando. Si en la actualidad se va la luz eléctrica en una empresa ¿qué sucede? Todos detenemos las actividades, nadie hace nada porque todo lo trabajamos en la computadora o con aparatos electrónicos que nos hacen más eficientes.

La tecnología también nos permite estar conectados y comunicados, estar en otros lugares, y eso propicia que tengamos más distracciones, y, a veces, seamos menos eficientes porque no podemos enfocarnos en varias cosas a la vez.

Con estos tres pasos podrás hacer que las cosas sucedan fácilmente en tu vida. Estos tres pasos son muy sencillos e incluso, lógicos. Cuando los leas, vas a decir "eso ya lo sabía". Estoy seguro de que ya lo sabes, la pregunta es ¿ya lo haces? Seguirlos marcará la diferencia entre el antes y el ahora. Hay personas que están completamente adaptadas a la rapidez de la vida actual y hay quienes no se han adaptado a esa vida vertiginosa.

Existen infinidad de distracciones: los correos, los mensajes, las llamadas, el teléfono, el Internet. Particularmente en el Internet hay posibilidades infinitas para distraerse, se te viene una idea, la buscas y la encuentras ahí. Son muchas distracciones que hoy en día no nos permiten ser efectivos; en ocasiones o no hacemos las cosas o no hacemos que las cosas sucedan.

En el pasado, las personas utilizaban una tarjetita (los *post-it* no existían) para enlistar sus pendientes y las actividades que debían hacer durante el día, luego las iban tachando y cuando terminaban, cambiaban de tarjetita, así lo hacían día a día. Éste sigue siendo uno de los *tips* de productividad más importantes. Sin embargo, hoy por hoy tenemos otras herramientas tecnológicas que también nos ayudan a ser efectivos, eficientes y a hacer que las cosas sucedan.

Te quiero contar una historia. En un pueblo, un señor fue a visitar a un amigo a su casa. Llegó caminando, pero antes de entrar vio a un perro echado, el animal aullaba como llorando, el visitante se preocupó y dijo para sí: "este perro está aullando, algo le duele".

Entró a la casa con su amigo y los dos se sentaron a hablar. Durante la conversación el perro seguía aullando y llorando, ellos continuaban enfrascados en sus temas y el perro enfrascado en su llanto.

Después de treinta minutos, el visitante le dijo a su amigo: "Oye, lleva a ese perro por favor con un doctor". El amigo le preguntó "¿por qué?" "Porque algo tiene, pobrecito, cada vez que paso por tu casa, escucho que aúlla, que está llorando, algo debe tener, algo le duele. Ayúdalo, por favor, porque ya no aguanto estar oyéndolo llorar y aullar". El dueño de la casa le dijo: "No amigo, ese perro es muy flojo, es un holgazán", el visitante respondió: "Por eso, quizá es porque está enfermo y algo le duele, por eso dices que es un holgazán o que es muy flojo". El dueño del animal finalmente explicó a su amigo: "No, lo que pasa es que ese perro está sentado sobre una tabla que tiene un clavo y por flojo no se levanta. Por eso sigue llorando, llorando y llorando, no hace nada para salir de ese dolor, no hace nada para cambiarse de lugar".

Tal vez esto pase con nosotros, no hacemos nada para que las cosas sucedan, no nos cambiamos de lugar o no realizamos algo diferente, nos quedamos en nuestra zona de confort por no esforzarnos, por no intentar cosas nuevas o distintas. Por eso, quiero compartirte estos tres pasos para que día a día logres más y hagas que las cosas sucedan.

1. Haz una lista de las cosas importantes que quieres o que debes hacer

Acciones que debes realizar para vender más, ser más productivo, aumentar tus ingresos, terminar alguna tarea específica que te va producir más, etcétera. Quiero que hagas una lista de todas esas acciones y actividades que debes hacer para avanzar, este es el punto número uno: haz la lista.

2. Agéndala en tu calendario

Una vez que tengas tu lista de actividades, el siguiente paso es agendarla en tu calendario. Es muy sencillo, simplemente ves la lista, eliges lo más importante y te dices: "muy bien, a qué hora y qué día voy a hacer esta actividad". Ya tienes tu lista de actividades, ya la has agendado en tu calendario, el siguiente paso es...

3. Bloquearla

Bloquéala y protege esa actividad con burbujas de tiempo. Protégela si es una actividad importante que te va a ayudar a subir un escalón hacia tu meta final, que te va a ayudar a ser más productivo, a generar más ingresos o más ventas, que va a propiciar que tengas una excelente presentación en tu próxima cita con un cliente o con alguien importante, bloquéala con burbujas de tiempo y no permitas que nada mueva esa actividad.

Ya que la tienes agendada en tu calendario, la tienes protegida, no va a suceder otra cosa más que la termines, harás que las cosas sucedan. Si haces la lista de actividades, si la agendas en tu calendario, luego la bloqueas y proteges cuidando que no se mueva, ¿qué sucederá al término del tiempo de esa actividad? Claro, habrás logrado que las cosas sucedan, conseguiste que esa actividad se concretara.

Con estos tres sencillos pasos lograrás que las cosas sucedan. ¿Qué pasa cuando tenemos una cita con un cliente o con un proveedor o cualquier otra persona? ¿Qué hacemos? La anotamos en nuestra agenda y obviamente la bloqueamos y la protegemos porque es una cita importante con un cliente, ya tienes el compromiso con alguien más, no lo puedes mover. ¿Qué terminará sucediendo? Tendrás la cita con ese cliente o con esa persona.

Usa el mismo método contigo mismo. En lugar de una cita con otra persona, es una cita contigo mismo para hacer las actividades necesarias que te llevarán al éxito o a aumentarlo, o que te harán más productivo, dependiendo de la actividad que sea. Haz la lista, agéndala y bloquéala con burbujas de tiempo para que las cosas sucedan, tal como haces con un cliente, un proveedor o una persona importante.

Haz lo mismo con tus actividades familiares. En ocasiones las cosas realmente importantes, como pasar tiempo con la familia, las dejamos para lo último. Busca la forma de bloquearlas. Si tienes el festival de tus hijos en dos semanas, agéndalo, bloquéalo y haz lo posible, haz todo lo que esté en tus manos para estar ahí.

En mi caso, es lo que hago. Cuando hay un evento importante con alguno de mis hijos, mi esposa me avisa inmediatamente para que yo lo agende y lo tenga protegido. Así no agendo más sesiones o eventos, porque lo más importante ese día es la actividad familiar, además que mover una cita resultaría muy difícil.

Recuerda los tres pasos para hacer que las cosas sucedan:

Paso 1: Haz una lista

Paso 2: Agenda en tu calendario

Paso 3: Bloquea y protege con burbujas de tiempo cada una de las actividades que te van a producir resultados extraordinarios

Espero que hoy comiences a utilizar la estrategia de los tres pasos para hacer que las cosas sucedan. Hacerlo todos los días te ayudará a avanzar y a crecer en todos los aspectos de tu vida.

Que todo el mundo se entere de tus metas

"¡Papi, papi, no te truenes los dedos!", me pidió mi niña de tres años un día. Me preguntó por qué hacía eso y le respondí: "Hija, muy mal, estoy mal, no se debe hacer, porque se me van a lastimar los dedos". Después le pedí por favor que cada vez que escuchara o me viera que me tronaba los dedos, me dijera que se me iban a lastimar. Ahora, cada vez que estoy cerca de ella y, sin darme cuenta empiezo a tronarme los dedos, me dice: "¡Papá, ya!, se te van a dañar los dedos", mi niña de tres años me ayuda a ser consciente de lo que hago y trabaje para evitar tronarme los dedos. ¿Será cierto que tronarse los dedos provoca que se lastimen? No lo sé, y no deseo averiguarlo.

Lo importante para mí es que me estoy apoyando de mi niña de tres años para evitar hacer algo que no tiene nada de positivo. Por razones como ésta, es importante contar tus metas a todos, bueno, no a todos, pero sí cuéntale tus metas a personas de tu confianza, comparte tus objetivos.

Es importante que le cuentes tus objetivos a las personas en quienes confíes para que te apoyen motivándote, ayudándote, no te lo quedes para ti solo, porque recuerda que nosotros somos los jefes más permisivos que existimos. Debemos buscar algo que nos amarre, algo que digamos "¿sabes qué?, yo me comprometí con estas personas a lograr tales metas en ventas, en mi salud, en mi empresa". Cuando tú te comprometes con alguien más, creas ese compromiso y vínculo entre dos personas. Si la próxima vez que veas a esta persona, no has hecho nada para avanzar, ya sea en tus ventas, metas o salud, te vas a sentir mal, y precisamente eso es lo que quiero que suceda si no haces bien las cosas. Por eso, hoy te voy a dar tres razones por las que te conviene contar tus metas.

1. Generas un compromiso

Los compromisos existen por algo, recuerda la última vez que hiciste uno, ¿lo lograste? Y si no, ¿cómo te sentiste? Seguramente, si no lo lograste te sentiste mal de volver a ver a esa persona. Cuéntale tus metas a gente de tu confianza y que realmente te importe. ¿Cómo crees que me siento cada vez que mi niña me regaña y me dice que no me truene los dedos? Es verdad que yo le pedí el favor de que me ayudara, y si lo hago inconscientemente, ella me hace la observación y dejo de hacerlo.

Al generar un compromiso con otra persona se crea un vínculo adicional y ya tienes a alguien a quien contarle sobre tus ventas, metas y objetivos. Es importante que generemos este compromiso. Pero ¡ojo! A veces no queremos hacer ese compromiso por no quedar mal, pero es justo ese momento cuando debes generarlo, porque te va a ayudar a trabajar rumbo a ese objetivo.

Haz la prueba con alguien a quien realmente le tengas mucho respeto y no quieras quedarle mal. Imagina que le dices a tu hijo, un amigo, un compañero, alguien que respetes, que esta semana vas a lograr diez citas de venta, y que si al final de la semana no las logras le darás un premio, o algo más interesante, imagina que le prometes a tu niño que lo llevarás a un lugar que le encante. Le explicas: "Si yo logro diez citas de venta esta semana, te llevo, si no las logro, no te llevo". ¿Cómo te vas a sentir si no las logras? No vas querer decirle que no las lograste ¿cierto? Pero tampoco vas a querer decirle mentiras, si no te sentirás muy mal. Entonces, no cumplirás tu compromiso. Por eso te pido que te enfoques siempre en cosas que dependan de ti para que no quedes mal. Genera ese compromiso.

2. Más gente te puede apoyar

Cuando hay más gente que esté involucrada en tus metas, hay más personas que te pueden apoyar, motivar, dar consejos, y eso es grandioso. Debemos de tener gente a nuestro alrededor que nos apoye y motive, recuerda que es mejor que sea gente que confié en ti verdaderamente, que no sean personas que no les importa si te va bien o mal, que sean personas que realmente quieran que triunfes. Entonces va a haber más gente que te va a apoyar, que te motiva, que te inspira, empuja o hala hacia tus metas y objetivos.

3. A nadie le gusta quedar mal

Esta es una razón muy poderosa para cumplir con lo que prometes. El famoso "qué dirán" es una idea muy arraigada. A nadie le gusta quedar mal, y menos cuando decimos algo que consideramos de palabra. Si somos personas comprometidas con lo que decimos, no nos va a gustar quedar mal con nadie en ningún aspecto.

Utiliza estas tres razones para tu beneficio cuando quieras lograr metas, cualquier tipo de meta, personal o profesional. Lo importante es que recuerdes generar ese compromiso, comprometerte con más personas, porque quizá no te importe tanto quedarte mal a ti mismo, por eso el compromiso con otros hará que ese sentimiento sí te afecte y logres cumplir con ese objetivo.

Crea tu mapa para el éxito en solo 5 pasos

Hablaremos sobre algo muy interesante, te explicaré en 5 pasos cómo diseñar tu mapa para el éxito. Pero antes, quiero hablarte sobre por qué sí funciona.

A través de los años, hemos sabido gracias a muchos escritores, de muchos libros y estudios que se han hecho, de la importancia que existe en el futuro. Está comprobado que algo sucede en nuestra mente que produce ideas, nuevas formas de llegar y atraer eso a nosotros. Hay infinidad de libros, películas, la famosa Ley de la Atracción, 'El Secreto', 'Pide y Se Te Dará' de Esther y Jerry Hicks, etc. Yo soy muy creyente de que Dios, el universo, las energías, como quiera llamarle cada quien, en lo personal pienso que es Dios quien nos escucha y constantemente nos apoya y guía en nuestro camino para lograr nuestros sueños y objetivos, cuando pensamos positivamente, cuando vemos el futuro de una manera positiva, lo empezamos a atraer, empezamos a decir, "sí, sí quiero". Y entonces empiezan a suceder cosas extraordinarias, cosas que a veces no nos imaginamos. Está comprobado que esto sí sucede, hay que crear imágenes en nuestra mente, hacerlas reales y físicas para vernos en ese futuro de éxito, no solo en ámbito económico, también en el ámbito anímico, en nuestra felicidad y salud, porque muchas veces nos enfocamos solo en el dinero, y dejamos atrás la salud, cuando es lo más importante, porque sin ella no habrá nada más.

Hace algunos años, cuando empecé en el coaching, una buena amiga me comentó sobre esto y para mí en un principio era algo tan sencillo y tan irrelevante que no creía que funcionaría. Sin embargo, le hice caso de crear este mapa para el éxito o mapa del tesoro, y ya tengo 4 o 5 años haciéndolo cada año y lo veo todos los días. El año pasado fue extraordinario para mí en lo personal, profesional, el mejor año de mi vida, y mucho fue gracias al mapa del éxito que diseñé. Me di cuenta cómo se dieron las cosas que diseñé a principio de año simplemente plasmándolas en un papel. Es extraordinario como a final de año, fui colocando *checkmarks* a lo que había logrando y me sorprendí de que había conseguido todo lo que estaba en el mapa. Incluso un día llegó mi esposa y me dijo: "¿Has visto? Colocaste ahí que uno de tus objetivos era lograr tener a la venta tu libro 'El SPA de las ventas'", y le digo, "¡Sí, ya lo logré!". Ella continuó: "¿Ya viste el logo que está en el libro, de *'bestseller'*?" Sin haber colocado eso como una meta en el mapa, logré ser *bestseller* gracias al apoyo de todas las personas que me apoyaron y compraron el libro, logré el *bestseller* en Amazon.com y Amazon.com.mx. Lo logré incluso con imágenes plasmadas y no solo con escritos, y me fui sorprendiendo cada vez más. Esta es la experiencia más reciente que tuve respecto al mapa del tesoro y es por eso que te la quiero compartir, si me ha funcionado a mí, estoy seguro de que también funcionará para ti.

Empecemos a diseñar este mapa. Lo primero que te pediré es que hagas una lista de las áreas más importantes en tu vida. ¿A qué me refiero? Puede ser en el ámbito personal, pero hablamos también de familia, amigos, crecimiento personal, dinero, trabajo. ¿Cuáles son las áreas más importantes en tu vida? Quiero que las enlistes todas, ese es el primer punto. **Enlista cada una de las áreas más importantes de tu vida.**

Ya que las hayas enlistado todas y tengas muy claro cuáles son las más importantes para ti, te pediré que vayamos al segundo paso. **En cada una de ellas quiero que definas una meta personal o profesional.** Supongamos que estamos en área de la familia y tu meta es estar muy feliz con tu familia y viajar a lugares paradisiacos, emocionantes, lo que tú desees. Y luego pasamos al área de dinero o de cuestiones materiales, de qué quieres tener, coloca 2 o 3 cosas que definas como tu meta. Es importante tomar en cuenta que, por ejemplo, yo realizo este mapa cada año, pero cada año también dejo un área para mi futuro, de cómo me veo en 5-10 años, hay cosas que serán metas a 1 año y hay otras a varios años, pero primero define cada una de tus metas en cada una de las áreas. Ahora sí, empieza el trabajo un poco más manual, donde tengamos que utilizar las manos, comprar algo o a lo mejor conseguir algunas herramientas, primero **busca una cartulina grande, que sea de un color llamativo**, amarillo, naranja, rojo.

El siguiente paso será encontrar recortes en revistas, fotografías en internet -donde se te haga más fácil- de cómo te gustaría verte en el futuro. Podrías colocar una fotografía de tu familia sonriendo, todos juntos o quizá en el área de pareja, a lo mejor no tienes pareja, pero deseas una y deseas ser muy feliz, busca una fotografía de una pareja feliz. Y si quieres viajes, ¿a dónde deseas viajar? Coloca fotos de los lugares a los cuales quieres ir. Esto debe ser muy gráfico, el poder de la visualización está en lo que estamos viendo todos los días, recuerda que, si nos enfocamos en cosas positivas, vamos a obtener cosas positivas, y si nos enfocamos en cosas negativas, obtendremos resultados negativos. Todo está en qué te vas a enfocar día a día, esto te va a ayudar para construir este mapa del éxito. Y como lo vas a ver todos los días y tu mente es tan poderosa, ella va a hacer algo para atraer eso que visualizas. Ahora que tienes los recortes, pégalos en la cartulina, haz un collage muy visual, atractivo y secciónalo por áreas, salud, familiares, economía, etc.

El último punto, el cual es muy importante, de nada sirve que hagas tu mapa para el éxito y luego lo guardes, lo coloques debajo de la cama o en un armario; eso no te servirá de nada. Lo que debes hacer es **pegarlo en un lugar donde lo veas a diario,** ya sea en tu oficina, en tu casa, en el clóset, al lado de tu cama, donde lo puedas ver todos los días. ¿Por qué? Para que te visualices, lo más claro posible para ti.

Te daré otra idea por si acaso piensas que las manualidades, recortar, usar cartulinas, pegar y demás no sea para ti, no te preocupes, utiliza alguna aplicación ya sea para iPad, iPhone, Android, que te ayude a hacer un collage. Actualmente hay muchas aplicaciones que te permiten hacerlo, solo busca las imágenes en internet y arma tu mapa del tesoro siguiendo los mismos pasos.

Lo más importante, recuerda, es que debes ver tu mapa todos los días, cada mañana, cada noche. Ahora te pregunto, ¿quieres lograr tus metas? ¿Quieres que tus sueños se vuelvan realidad? Visualízate, mírate en ellos, utiliza este mapa del tesoro que te va a ayudar a atraer esas cosas, te ayudará a que tu mente se enfoque en lo que sí quieres lograr y que día a día estés viendo lo que quieres obtener.

Espero de todo corazón que este artículo te ayude, y que todos los días estés enfocándote en lo positivo y en lo que quieres obtener.

Todo lo que debes saber y hacer para tener éxito

Paciencia, el éxito llegará

Paciencia, paciencia, paciencia… Han pasado ya doce años o quizá más desde que, estando en la boda de un buen amigo, el sacerdote empezó a decir "en el matrimonio necesitamos paciencia, paciencia, paciencia, paciencia, paciencia, paciencia …". No sé cuántos minutos fueron, pero todos nos volteamos a ver en la iglesia como diciéndonos "¡ya!, ¿no? ¡Ya estuvo bueno!"

El consejo que el sacerdote le dio a los novios en aquella ocasión es el mismo que te doy ahora: ten paciencia para lograr tus metas, el éxito que deseas, para lograr tus sueños. Para lograr lo que uno se propone se requiere de paciencia y no hablo de paciencia de esperar a que suceda. No, paciencia de que en el camino te encontrarás muchos retos y obstáculos que pueden disminuir tu entusiasmo para lograr tu meta, sueños y objetivos.

Hay que tener paciencia porque durante el camino al éxito habrá muchas situaciones que te golpeen, que te frustren, que te hagan sentir que no puedes, que no vas a llegar y no lo vas a lograr, pero hay que tener paciencia. Hay que ser pacientes y saber enfrentar esos retos. ¿Por qué digo "retos"? Porque los obstáculos son retos que hay que vencer en nuestro camino al éxito.

Ahora, ¿qué es el éxito para ti? Aunque ya lo hemos hablado en otros capítulos, me gustaría retomar el punto. El éxito será muy diferente para una persona que para otra. Lo importante es, primero, disfrutar el camino al éxito. Recuerda que la felicidad no es un punto de llegada, es una forma de caminar. La afirmación anterior es como yo siempre me he propuesto vivir: disfrutar ese camino al éxito. Para disfrutar se requiere paciencia porque va a llegar, va a llegar tarde o temprano.

Es posible que en tu negocio se te dificulte lograr los ingresos que quieres o necesitas. Sigue sembrando, sigue buscando vender más, sigue buscando nuevos clientes, ten paciencia para lograr lo que quieres.

Yo he tenido la oportunidad de trabajar con muchos vendedores, dueños de negocios y me he dado cuenta que tarde o temprano el éxito llega. Algunos se tardan más, no importa la razón, lo importante es que siguen al pie. Y así tú, sigue buscando tu sueño, no desistas, no enfoques tu mente en otra cosa, en lo negativo, enfoca en lo positivo y en lo que deseas.

Alguna vez me contaron la historia de una asesora de seguros muy exitosa que ha logrado cosas muy grandes. Antes de su éxito pasaron cerca de dieciocho meses en los que tuvo que tener paciencia para que llegara a su primera venta, dieciocho meses. Por supuesto que en el camino estuvo a punto de desistir, de decir "ya, esto no es para mí". Pero tuvo paciencia, tuvo coraje, tuvo entrega, tuvo la energía necesaria para seguir adelante y que el éxito llegara para quedarse, desde entonces tiene mucho éxito en su negocio.

Muchas veces les pido a mis clientes que no sean como ese minero que está a punto de descubrir el tesoro, ese gran diamante, y se retira porque se da por vencido. Sigue adelante, no te rindas, tú puedes, jamás te rindas. Como me dice mi hijo, "no te rindas", eso es lo que le debemos decir a la gente, que no se rinda.

Paciencia, paciencia, paciencia… es lo que debemos tener todos los días para lograr ser exitosos, ya sea en lo personal, profesional, espiritual o de pareja. ¿Cuál es el éxito que estás buscando? ¿Cuál es el éxito que quieres lograr? Para ese éxito vas a requerir paciencia ¿cuánta paciencia? Tú sabrás hasta qué momento dejar ese camino.

Yo entiendo, algunas personas me dicen "¿hasta cuándo se es persistente o se vuelve uno terco?" Ese punto solamente tú lo sabes. Tú sabrás si tu negocio va a dar o no va a dar, si es un negocio que realmente puede darte los ingresos que quieres o no te los puede dar, tú lo sabrás.

Pero si tú volteas a ver a otros con un negocio igual o similar al tuyo y están teniendo mucho éxito ¿cuál es la razón por la que no puedes tener el mismo éxito o más? No existe una razón, las razones que te puedas dar son excusas, no son razones: "Es que ya tiene muchos años", "porque él nació en una comunidad diferente", por favor, son puras excusas, no son razones.

¿Hasta cuándo debes dejar de luchar? Hasta que tú quieras, pero yo te invito a que sigas luchando, a que sigas disfrutando el camino al éxito, que busques las mejores opciones que tienes y que no has considerado para lograr esas metas y esos sueños que te has propuesto, esos sueños que tienes, que ya convertiste en meta, que ya le pusiste una fecha, sigue el camino hacia allá ¿Por qué? Porque el momento que lo logres vas a sentir una satisfacción inmensa.

No por ello te vas a quedar ahí, no te estoy diciendo que logres esa meta y lo tomes como lo máximo en tu vida. No, hay que seguir subiendo, hay que seguir adelante, vienen nuevas metas, nuevos objetivos y ¿qué crees? Paciencia,

paciencia, paciencia, es lo que siempre vas a necesitar en tu vida.

No te desesperes, cuando estaba pequeño mis padres me decían "si te desesperas, pierdes". Es cierto, y aplica en todas las áreas, en una conversación, en una pelea con una persona, si te desesperas, pierdes. Así es en la vida, así es en los negocios, si te desesperas, pierdes.

¿Quién gana una negociación? Quien no se desespera, el que se mantiene firme hasta el final y el que es inteligente para lograr acuerdos y encontrar el ganar-ganar entre las dos personas. Paciencia, paciencia, paciencia.

Cinco acciones que los grandes líderes hacen diferente

Estar vivo no es lo mismo que vivir, ser jefe no es lo mismo que ser líder.

Hace algunos años tuve la oportunidad de conocer a un gran líder, lo interesante es que él era mi superior en la empresa en que yo trabajaba. Pero lo más interesante es que él a su vez tenía un superior que no contaba con la calidad de liderazgo mi jefe tenía.

Por eso inicio esta sección con la idea de que ser jefe no significa que se sea líder, el liderazgo supera el concepto de ser jefe, nos lleva más allá de la simple acción de dirigir a las personas. El liderazgo está dentro de nosotros mismos, de ti como emprendedor, de ti como dueño de negocio o como líder de una organización.

¿Hasta dónde quieres llegar? La respuesta sencillamente es tuya. Ahora quiero compartirte estos cinco puntos que los grandes líderes realizan de forma diferente a los demás. Un verdadero líder empieza primero liderándose a sí mismo, sus formas, sus modos, sus emociones, en este punto comienza todo.

1. Los grandes líderes enfrentan la realidad sea como sea

No le dan vueltas, no tratan de tapar la realidad, simplemente la enfrentan tal como es porque esa es la única forma de

147

crecer, de superarse, de vivir la vida y disfrutarla, enfrentando la realidad, sea sencilla o complicada.

Los grandes líderes enfrentan esa realidad, como se dice coloquialmente "toman al toro por los cuernos" y toman las decisiones necesarias para salir de una situación poco favorable, para mejorar, para crecer, para triunfar y conducir su negocio al nivel que lo quieren llevar.

Un líder enfrenta la realidad cuando reconoce que ignora algunas cuestiones, que le hace falta capacitación en ventas, capacitación en liderazgo, capacitación en administración o en administración del tiempo.

Un líder toma acción para enfrentar esa realidad y superarse a sí mismo para después apoyar a su equipo y que, a su vez, sus integrantes se superen por su cuenta.

2. Encuentra pequeños logros y los potencializa

Los grandes líderes son capaces de detectar los pequeños logros que algún miembro de su equipo haya logrado y los potencializa para inspirar a los demás, para motivar a que todos mejoren, para que todos triunfen. Buscan esos pequeños chispazos de poder y satisfacción, se enfocan en ellos, los traen al presente y los transmiten a los demás, así las personas comprueban que, a pesar de las circunstancias adversas, sí se pueden realizar grandes logros.

3. Se enfocan en cosas grandes

Los grandes líderes se enfocan en cosas grandes, positivas y optimistas, esto los hará salir de su zona de confort. Los aspectos positivos los motivan a avanzar, hacen las cosas diferentes para triunfar en la vida y en los negocios. No se quedan como están, no se instalan en su zona de confort, no dejan de crecer, siempre se enfocan en cosas grandes para progresar constantemente.

4. Le dan un correcto seguimiento a las cosas o las personas

¿Qué pasa? Si el líder no logra que su equipo se enfoque en los pendientes, en las situaciones y en los retos que su empresa tiene cada semana, difícilmente va a lograr las cosas, será muy complicado avanzar.

Entonces, una tarea importante del líder es mantener a su equipo bien enfocado en las cosas que harán crecer su negocio y darle un seguimiento semanal correcto, para que no se pierda el ritmo de trabajo, para que no haya distracciones que impidan lograr metas y objetivos.

Es importante dar un correcto seguimiento a todas las actividades que realiza cada persona en el equipo, incluso que el líder lleve un seguimiento de sí mismo. Por eso, cuando se plantea lograr una meta yo siempre recomiendo que se definan las fechas tanto para dar seguimiento a las actividades como a las metas mismas; el correcto seguimiento y aterrizar las cosas en fechas para que realmente sucedan, te llevará al éxito.

5. Inspiran a la gente a su alrededor

Un verdadero líder siempre busca inspirar a la gente que está a su alrededor, en su empresa, en su equipo y en su área de trabajo. ¿Por qué? Porque cuando un líder inspira a quienes están a su alrededor, estas personas inspirarán a su vez a más. Entonces, una pequeña gota de inspiración del líder puede volverse un verdadero mar de buenas prácticas, de inspiración para su equipo, la organización y la empresa.

¿Tú cómo quieres ser? ¿Quieres ser como los grandes líderes que se enfocan en cosas grandes, en inspirar a su gente, en dar un correcto seguimiento, en enfrentar la realidad y encontrar esos pequeños logros, esos pequeños brillos para potencializar a toda la organización? Tú decides si quieres ser mejor, si quieres triunfar y si quieres avanzar.

Sé un mejor líder, sigue estos pasos

En general, todas las personas queremos progresar como líderes, influir en los demás para sacar lo mejor de ellos y apoyarlos para que logren sus metas. Y debemos reconocerlo, muchas veces la gente prefiere apoyar a alguien más que seguir sus propios objetivos, ¿por qué pasa esto? Porque todos tenemos miedos, inseguridades y creencias que limitan nuestro crecimiento. En esos casos, las personas creen que lo importante es apoyar a los demás, independientemente de si ellos mismos están cien por ciento bien o no. Saber cómo apoyar a otras personas a que den su máximo, es lo que logra un extraordinario líder.

Recuerda que los líderes no son a quienes siguen las personas, los líderes son quienes crean más líderes, quienes crean gente de éxito, gente de respeto, honesta. Esos son los verdaderos líderes que queremos en este mundo.

Te voy a dar cinco pasos para ser un mejor líder, y esto aplica no solamente en el trabajo, es efectivo en todos los ámbitos de tu vida: tu escuela, tu familia, tus amistades, etcétera. Con estos cinco pasos lograrás influir en las personas para que ellas mismas den lo mejor de sí.

1. Ponte en el lugar de la otra persona

Ponte en sus zapatos, quiero que veas desde esa perspectiva cómo es la vida para esa persona, cómo ve, cómo siente, qué escucha, qué tiene a su alrededor para que desde esa perspectiva la entiendas.

Cuando tú entiendes a una persona, escuchas tal cual lo que te está diciendo, es mucho más fácil que puedas influir sobre ella. Si escuchas a esa persona se siente realmente tomada en cuenta, inmediatamente ya estás influyendo en ella.

Entonces, si te pones en su lugar, en sus zapatos, te será muchísimo más fácil sacar lo mejor de él o ella, por eso este paso es importantísimo. Muchas veces llega alguien con un problema que quizá para nosotros sea algo sencillísimo porque ya lo hemos sufrido, porque lo superamos en algún momento de nuestra vida o por cualquier razón se nos hace fácil, pero para la persona que te está contando ese problema, la situación es grave en este momento.

Es lo mismo que pasa con un niño que nos pide que le ayudemos a armar un juguete, nos dice que para él es complicadísimo, pero nosotros lo hacemos en cinco minutos. Quizá el niño tarde todo un día en hacerlo o no lo logre todavía. Si te pones desde su perspectiva, ¿cómo le vas a explicar a esta persona o a ese niño tu manera de resolver las cosas? Para apoyarlos hay que ponerse en su lugar y ver desde su perspectiva. Nunca les diremos "eso está muy sencillo", porque cada quien vive sus problemas o situaciones desde una perspectiva diferente.

El primer paso es ponerte en el lugar de la persona y partir desde ese punto, ayudarlo a potencializar sus capacidades y que logre más en tu equipo, familia, etcétera.

2. Encuentra qué mueve a esa persona

Si quieres que una persona crezca, sea mejor, logre algo que tú quieres que haga, si tienes las metas de la empresa y quieres que esa persona mejore, alcance esas metas, esos objetivos, bueno hay que encontrar qué mueve a esa persona.

Por ahí dicen que hay que encontrar una palanca, algo que mueva a la persona de una forma sencilla, puede motivarlo alguna meta, algún premio, puede ser algún dolor.

En el caso de vendedores independientes con los que he trabajado, lo primero que les digo es "muy bien, ¿cómo te vas a mover? ¿Cómo vas a salir de esa zona de confort?" Primero necesito encontrar qué le duele. Le puede doler las deudas, no estar dentro de los primeros lugares de la compañía como vendedor, le pueden mover muchas cosas.

Encontremos eso que lo mueve, eso que va a hacer que todo se detone y que empiece a actuar y haga cosas diferentes para lograr los objetivos que estamos buscando.

Te voy a dar un ejemplo. A algunos de mis clientes individuales les he pedido que se comprometan con sus hijos, les pongo un reto muy interesante. Cuando no se mueven, no hacen algo para actuar y pasan días y semanas, les pregunto quiénes son las personas más importantes para ellos. La mayoría responde que sus hijos. Si sus hijos tienen más de seis años les pido que se comprometan con ellos a hacer las cosas, porque ante los hijos no queremos quedar mal, nosotros somos quienes constantemente les exigimos que hagan su tarea, que hagan bien las cosas, que sean responsables.

Esta es una forma de mover a alguien, que mire a hacia sí misma y vea que no está logrando nada, que no hace nada para alcanzar sus metas, entonces necesitamos encontrar eso que le mueve.

Vamos a suponer que una persona tiene una hija de siete años. Lo que yo le pido es que "habla con tu hija y prométele un premio si tú logras este reto. Si no logras el reto, le vas a decir que no va a haber premio". ¿Qué va a suceder si no logra hacer el reto? La hija no obtendrá el premio y mi cliente se sentirá mal por no cumplir con el reto. Es una forma de motivarlo.

Hay quienes me dicen "no, eso no me lo pongas", yo les respondo "claro que sí te lo pongo, eso es lo que va a hacer que te muevas". De inmediato me dicen, "pero es que me voy a sentir mal si no le doy el premio", y yo concluyo que es precisamente por eso que lo estamos haciendo, porque quiero que haga todo para no sentirse mal.

Y funciona si se comprometen con algún familiar o con alguien a quien le tengan mucho respeto, para que se comprometan en verdad, que encuentren eso que los mueve, ya sea el dolor o el placer. El paso número dos es encontrar qué mueve a esa persona.

3. Cambia los problemas por retos

Cuando una persona te comparte sus problemas y tú quieres influir en ella, cambia los problemas por retos, define la situación de otra forma. Si te dice "no puedo encontrar prospectos nuevos para vender más", simplemente dile "no has dado con la forma para encontrar clientes nuevos". Haciendo esta afirmación automáticamente cambiaste un problema por un reto, ahora el reto es encontrar cómo obtener más prospectos.

Si defines la situación de forma distinta, automáticamente cambia todo, la mentalidad de la persona va a cambiar, ya lo hiciste pensar en un reto, en cómo lo voy a resolver, en vez de pensar en "esto me está bloqueando y no me deja avanzar".

4. Crea nuevas alternativas

Ayúdalo, apóyalo a crear nuevas alternativas para sus metas y objetivos. Para resolver ese problema anímalo haciéndole preguntas: ¿De qué forma lo vas a lograr? ¿Cómo le vamos a hacer? Imagínate si hicieras este cambio, podrías lograr esto, esto y esto. Vamos creando nuevas alternativas.

Recuerdo perfectamente el caso de una persona que me decía durante una conferencia "yo no soy una persona muy sociable y eso no me permite vender lo suficiente o vender mucho". Le dije "perfecto, tú no eres una persona muy sociable, pero ¿qué es lo que te limita a llegar con nuevas personas para venderles un producto o un servicio?", la persona me respondió "me da vergüenza".

Le pregunté cuál era la razón por la que le daba vergüenza y me respondió que era nuevo en las ventas y eso le avergonzaba porque las personas a quienes quería venderles eran conocidos suyos. "Ah, perfecto, pero entonces si ellos supieran que lo haces desde antes ¿cambiaría?, o sea, ¿lo que te da vergüenza es decirles a qué te estás dedicando?", respondió que sí.

Entonces le sugerí que les enviara un correo electrónico contándoles su nuevo negocio, eso cambiaría su perspectiva porque las personas a quienes pretendía vender estarían enteradas antes de verlas y eso disminuiría su vergüenza.

Ayuda a las personas a que encuentren alternativas para encontrar nuevos logros y objetivos. Es lo mismo cuando alguien te dice "no encuentro prospectos", hay que crear alternativas, coméntale: ¿y si buscas prospectos en el directorio? ¿Y si buscas prospectos en el gimnasio? ¿Y si buscas prospectos en una fiesta? Si a esa persona le creas nuevas alternativas, automáticamente va a enfocarse en las alternativas y no en los problemas.

5. Haz que se vean triunfadores en el futuro

Esto es muy impactante, importante y funciona mucho en las ventas. Hay una frase, un anuncio aquí en México, no sé si en otras partes del mundo, pero aquí tenemos la famosa frase "ya me vi". El actor del anuncio usa la frase "ya me vi", ya se vio en su nuevo auto, en su casa nueva, es algo que debemos hacer constantemente para impulsar a la gente, que se vean triunfadores, que se vean ya en el momento de haber logrado esa meta, ese propósito u objetivo que queremos que logren.

Los vendedores de autos, por ejemplo, ¿qué hacen? Lo primero es decirte "súbase al carro, vamos a manejarlo". El cliente que está manejando el auto y va con su familia, ya se vio en el carro, ya vio que es de él, ya le gustó. Imagínate siendo el vendedor, un cliente está buscando una camioneta familiar, en la prueba de manejo tú te sientas a un lado y le preguntas "¿a dónde piensan viajar con esta camioneta?" El cliente comenzará a contarte "fíjate que quiero dar un paseo por todo el país porque me gusta mucho". Con esa simple pregunta lograste que la persona triunfe o que se vea con ese producto.

Hacer que los demás se vean ganadores, que se vean en el futuro triunfando, es una forma de influir en ellos, ya sea en las ventas o en tu equipo de trabajo para que obtengan mejores resultados.

Cuando la gente se visualiza triunfadora, la perspectiva cambia porque cree en algo, confía en que sí puede lograr lo que le piden o lo que quiere, encuentra también qué la mueve. Si nosotros como líderes encontramos qué mueve a los demás para lograr esa meta, perfectamente podemos decir "mi meta como líder ya la estoy volviendo una meta para esta persona".

Repasemos los cinco pasos para ser un mejor líder:

Paso 1: Ponte en el lugar de la otra persona.

Paso 2: Encuentra qué mueve a esa persona.

Paso 3: Cambia los problemas por retos.

Paso 4: Crea nuevas alternativas.

Paso 5: Haz que se vean triunfadores en el futuro.

Espero que estos cinco pasos para ser un mejor líder te ayuden diariamente en el trabajo, en lo personal o en cualquier área de tu vida, que incentiven tu crecimiento como líder y logres influir en las personas de forma positiva, y que, a su vez, cada uno de ellos logren lo mejor de sí.

¿Cómo piensan los millonarios?

Un día iba un señor caminando por la calle y vio que del otro lado de la acera a una persona que subía a un carro hermoso, precioso, de esos carísimos, el señor que iba acompañado de su hijo, le dijo: "Mira, ese idiota, el carrazo que trae". Siguieron caminando, entonces vieron a otra persona que entraba a una casa hermosa, el padre le dijo a hijo: "Mira, hijo, qué casota tiene ese idiota, qué hermosa casa tiene ese idiota". Y siguieron su camino, más adelante vieron a una pareja, y nuevamente el señor le dijo a su hijo: "Hijo, mira a ese idiota, la mujer tan hermosa que tiene", y continuaron caminando.

A los pocos días, el papá le preguntó a su hijo: "Hijito, ¿qué quieres ser cuando seas grande?, y el niño, sin dudarlo, respondió: "Idiota, papá, idiota".

¿Cómo piensan los millonarios? ¿Piensan de forma positiva o negativa? ¿Son envidiosos o quieren apoyar a los demás? ¿Tienen fe o desconfían de todo y de todos? ¿Qué quieres ser tú? ¿Cómo quieres ser tú?

Si tienes la oportunidad, te recomiendo que leas el libro titulado *Piense y hágase rico*, de Napoleon Hill. Hace muchos años, Hill realizó un estudio acerca de cómo pensaban los millonarios. Siendo él una persona común y corriente con prácticamente nada de dinero, se avocó a estudiar a los millonarios, a saber cómo pensaban. Este libro es muy interesante, no te lo quiero contar, pero sí te diré que aunque al final no te da conclusiones precisas, te hace pensar muchísimo en la diferencia de la mentalidad de un millonario y la mentalidad de una persona común y corriente. Napoleon Hill, después de varios años se volvió millonario gracias al estudio que hizo sobre cómo pensaban esas personas.

En este apartado veremos diez cosas que hay en la mente de los millonarios, pero antes te invito a que empieces a cambiar ese chip porque para ser millonario primero tienes que pensar como uno. No puede ser al revés, primero tienes que pensar como millonario y luego serlo. Ahora utilizo la palabra "millonario" en cuestión económica, pero se puede aplicar a todas las áreas de la vida.

Tienes que pensar como un gran padre si quieres ser un gran padre, tienes que pensar como un gran hijo si quieres ser uno, como un gran esposo, como sea lo que quieres ser, pero debes primero creértelo. Antes que nada, creer que sí puedes, creer que ya eres.

No sé si has escuchado que muchas veces dicen "Si quieres ser como esa persona, primero tienes que actuar como esa persona". Si quieres ser director de una empresa primero tienes que actuar, vestirte como el director de esa empresa, es lo mismo aquí. Por eso, quiero compartirte esas diez cosas que están en la mente de los millonarios, para que comiences a pensar en cada una de ellas y las adoptes como tuyas, darás el primer paso que es pensar, trabajar y enfocarte como un millonario.

1. Se preguntan: ¿qué quiero lograr?

Una persona que no tiene metas, objetivos y que no sabe a dónde quiere llegar, no va a llegar a ningún lado. Si no tienes metas ni sabes qué es lo que quieres, vas a andar como un barco a la deriva. Viendo a dónde te llevan la marea y el viento, pero sin saber a dónde vas. Pregúntate: ¿qué quiero lograr?

2. Diseñan planes de acción

Con la finalidad de llegar a donde quieren, diseñan planes de acción. Por un lado debes pensar y saber que lo vas a lograr, pero también hay que actuar. Hay que hacer una llamada, un compromiso con alguien, hay que tener una junta, pero hay que empezar por algo. Diseña un plan de acción.

3. Se preparan

Se preparan constantemente y miran la capacitación como una verdadera inversión. Capacitación en todos los aspectos, el autoaprendizaje o capacitarse, tener el apoyo de alguien, siempre buscan cómo aprender, cómo mejorar, cómo superar todo lo que saben, porque están conscientes que son el motor de su propia economía, su mente es el motor de su economía, como lo es el tuyo también.

Tengo claro que tú eres de esas personas que saben y se quieren capacitar e invertir en sí mismo, porque sabes que eres el motor de tu negocio y de tu vida.

4. Confían en ellos mismos

Tienen la confianza en que las cosas van a suceder, en que ellos pueden y nada ni nadie los va a detener a lograr sus metas y objetivos.

5. No escuchan a la gente negativa

Muchas veces se califica a los millonarios de arrogantes, pero la realidad es que ellos se enfocan en lo que quieren y miran sólo hacia allá. Si alguien te dice que algo está muy difícil, simplemente dile que no le quieres escuchar, porque no te ayuda a crecer ni a llegar a donde quieres. No escuchan a las personas negativas.

6. Se apoyan de otras personas

De diferentes maneras, con mentores, consultores, asesores, *coaches*, entre otros, pero se apoyan de otras personas porque saben que solos es muy difícil llegar hasta la cima. Recuerda, siempre es importante ir de dos en dos.

7. Buscan siempre la solución

Buscan siempre cómo lograr las cosas, cuáles opciones tienen, qué pueden hacer, se enfocan en lo positivo, en sus objetivos. No se expresan diciendo "¡qué difícil!, ¡no puedo!, ¡no lo voy a lograr!", al contrario, se enfocan en cómo sí lograrlo.

8. No dudan que lo van a lograr

Si ya viste la película sobre la vida de Walt Disney te acordarás de cómo él, a pesar de las circunstancias, a pesar de estar quebrado, de deber mucho dinero, a pesar de muchísimas cosas, siguió adelante porque sabía lo que quería lograr. Antes de que todo el mundo viera lo que logró, él ya lo tenía en su mente y no dudó ni un segundo que lo lograría.

9. Trabajan de forma inteligente

No trabajan a lo loco, trabajan de forma inteligente y se enfocan en las cosas productivas, en las cosas que realmente les generan mayores ingresos.

Y por último el punto número 10, el más importante de todos:

10. Tienen fe

Espero de todo corazón que esto te ayude a cambiar tu mentalidad rápidamente y vayas hacia lo que quieres, bien sea ser millonario económicamente, ser millonario en cuestión familiar, de pareja o ser millonario en lo que quieras.

163

Cómo dar tu primer paso hacia el éxito

En este capítulo veremos cómo dar el primer paso hacia el éxito ¿A qué me refiero con esto? A las personas muchas veces se nos dificulta empezar algo ¿Por qué? Porque no sabemos qué viene, no sabemos qué sigue, es prácticamente como salir de nuestra zona de confort, hacer algo nuevo o diferente nos paraliza. Como no sabemos qué sigue, nos cuesta empezar, nos da miedo, nos sentimos inseguros, creemos que no vamos a poder o no estamos comprometidos completamente con lo que queremos lograr y no estamos dispuestos a hacer lo necesario para lograrlo, o a dejar atrás viejos hábitos que no nos benefician.

Es común que a las personas nos resulte difícil empezar. Se dice que para generar hábitos necesitamos alrededor de 21 días. Vamos a suponer que decides ir al gimnasio, quieres hacer ejercicio para tener energía durante el día, todos sabemos que es básico tener energía en nuestra vida para lograr lo que queremos. Inicias y obviamente los primeros dos o tres días de la primera semana te va a doler todo el cuerpo, vas a terminar cansadísimo.

El gimnasio es un típico ejemplo, en que los primeros días de asistencia la gente desiste y dice "no, me duele todo, mañana no voy a ir". Ese es el momento indicado para seguir adelante, cuando lo quieres dejar, después del día 21 todo será rutina. Cada persona es distinta, en algunas puede que la creación de un hábito sea un proceso más rápido, sin embargo, es importante que hagas el compromiso de lograr por lo menos llegar al día 21. Te darás cuenta de que a partir de ese día tu vida será más sencilla, el esfuerzo de ir al gimnasio y la idea de que levantarse temprano es algo difícil va a cambiar.

Hay que encontrar cómo nos vamos a sentir; algo muy importante para iniciar algo es cómo nos vamos a sentir al final del día si logramos tal o cual actividad que sabemos que nos va a ayudar a crecer y a superarnos.

Si estuvieras 100 % seguro que sí vas a lograr esa meta que te propones, ¿qué harías hoy para iniciar? Estoy casi seguro de que tienes la respuesta, la tienes porque ya sabes, lo has pensado. El punto es que como no estás completamente seguro de que lo vas a lograr, te da pereza dar el primer paso, no te importa mucho. Pero en esta ocasión vamos a pensar de forma positiva, sabemos con seguridad que sí vamos a obtener nuestras metas. Para ello, te explicaré los cinco puntos que te ayudarán a dar el primer paso hacia el éxito.

1. Plantea cuál es tu objetivo

¿A qué me refiero con cuál es tu objetivo? En este punto no te pediré que definas tu meta. Como ya hemos visto en otros capítulos, plantear tu objetivo es saber qué quieres lograr. Éste es el primer punto, ¿cuál es tu objetivo de las metas que ya tienes trazadas?

2. Identifica cuáles son los beneficios que obtendrás

Respondiste a la pregunta "¿qué quiero lograr?", por lo tanto, ya sabes cuál es tu objetivo. El punto número dos es responder a la pregunta "¿para qué lo quiero lograr?" o, dicho de otra forma, ¿cuáles son los beneficios que obtendré al lograr esa meta?

Pongamos un ejemplo. Quieres que tu negocio crezca, que la cantidad de clientes de tu negocio aumente, en este momento tienes cien clientes y quieres terminar el año con cuatrocientos. ¿Cuál es tu objetivo? Generar más ingresos, para ello quieres cuatrocientos clientes. ¿Cuáles serán los beneficios para ti? ¿Para qué quieres cuatrocientos clientes? Tal vez para generar más ingresos, viajar más tú solo o con tu familia, tener más diversión, más tranquilidad económica, etcétera, esos serían algunos de los beneficios que obtendrías al lograr ese objetivo.

Ahora elabora una lista de esos beneficios para que sepas exactamente cómo te vas a favorecer cuando logres ese objetivo.

3. Da el primer paso y piensa sólo en lo que tienes que hacer hoy

Te hice ya la pregunta de si estuvieras 100 % seguro que sí lograrás tu meta, ¿qué harías hoy para iniciar? Bien, este punto está muy relacionado con esa pregunta.

Es momento que des el primer paso y sólo piensa que lo debes hacer hoy. Qué debes hacer hoy, mañana, pasado mañana, así todos los días pregúntate "¿qué debo hacer hoy?". Responder esa pregunta y hacer lo que debes hacer todos los días te llevará al éxito. Al éxito no llegarás nunca sólo pensando y pensando, planeando y planeando. Debes enseñarte a planear y actuar.

Entonces da el primer paso y piensa sólo en lo que debes hacer hoy para lograr el éxito.

4. Identifica qué es lo peor que puede pasar si no actúas

Sabes cuál es tu objetivo, qué beneficios obtendrás al lograr ese objetivo, qué debes hacer hoy para tener éxito, ahora pregúntate ¿qué es lo peor que puede pasar en el remoto caso que no lo lograras?

Lo más seguro es que digas "que me quede como estoy". Así pasó con uno de mis clientes que decía "tengo miedo a emprender este nuevo negocio". Al escucharlo le preguntaba a qué tenía miedo y él contestaba "a fracasar", el diálogo se prolongó:

-Perfecto, y si fracasas ¿qué te va a suceder?

-Tendré que volver a buscar trabajo.

-Ok, y si buscas trabajo y encuentras ¿qué va a pasar?

-Voy a estar otra vez como estoy.

-Ah, entonces lo peor que te puede suceder es que termines estando como estás.

-Sí.

-Y ¿cómo estás? ¿Estás muy mal? ¿Estás en alguna situación grave?

-No, para nada.

Regresemos a ti, si lo peor que te puede pasar es que te quedes tal como estás, ¿vale o no vale la pena arriesgarse, tomar acción para cambiar tu vida y lograr el éxito que deseas?

Identifica en tu caso qué es lo peor que puede suceder, así serás consciente que lo peor es quedarte tal como estás o quizá darte cuenta de que lo peor no es tan grave como uno a veces se lo imagina, generalmente pensamos en el fracaso, pero, ¿qué es el fracaso?

5. Haz un compromiso contigo mismo y apóyate en alguien más comprometiéndote con esa persona

He visto muchos casos de personas que afirman "estoy súper comprometido conmigo mismo", sin embargo, nosotros somos los jefes más permisivos, nos damos todos los permisos. He notado que cuando uno está solamente comprometido con uno mismo es fácil no hacer las cosas, tememos a las actividades que requieren esfuerzo, tememos salir de nuestra zona de confort. En ese momento nos decimos "hoy no voy a hacer esto", eso sucede porque nos damos permiso de no hacerlo. ¿Y cuáles son las consecuencias? No lograr nuestros objetivos, pero en el momento que desistimos de hacer las cosas no nos duele.

Busca a una persona que crea y confíe en ti, en la que a su vez tú confíes, debe ser alguien que te quiera apoyar en el proceso. Supongamos que pasó la semana, los quince días o el tiempo que te comprometiste a lograr un objetivo, y no lo hiciste. Cuando hables con esa persona y le digas "no lo cumplí", obviamente te sentirás mal, y es a donde quiero llegar, esa incomodidad te servirá para comprometerte más en un futuro propósito. Te sentirás mal no sólo por no haberte cumplido a ti, sino por haberle fallado a alguien más. Si no lo lograste fue por culpa tuya, porque te faltó actividad, compromiso o iniciativa, los factores externos aquí no cuentan.

¿Por qué quiero que te comprometas con alguien más? Es justo por eso, para que si fallas te dé pena, sientas enojo por no cumplirle a esa persona. Agárrate de una persona, apóyate en alguien, puede ser un familiar, un amigo, un mentor, un jefe, alguien en quien confíes, también puedes buscar un *coach*, un asesor, alguien a quien tú le puedas confiar y contar eso con lo que te comprometes.

Algunos de mis clientes me dicen "cuando platico contigo y defino retos, si no los he cumplido y sé que se acerca la siguiente sesión, me siento muy incómodo, incluso no quiero tener la sesión porque me siento mal". Esa sesión es importantísima y es justo el momento en que nos planteamos encontrar la razón por la que mi cliente no está logrando sus objetivos, ahí comenzamos de nuevo.

Es exactamente lo mismo si alguna vez has ido al nutriólogo, con quien tienes cita cada quince días. Un fin de semana dejas el régimen alimenticio que te estableció el nutriólogo, el lunes te toca cita, ¿qué piensas en ese momento? "No, no voy a ir, me porté mal, voy a pesar más, me va a regañar", etcétera. Terminas por no ir a la cita del lunes, dejas otra, luego otra, hasta que ya nunca regresas.

Por eso busco que ese compromiso lo hagas contigo y con alguien más, que te comprometas a tener esa cita independientemente de si te portaste bien o mal, si lograste o no tus retos de esa semana o quincena, dependiendo el tiempo que te plantees.

Aquí te dejo nuevamente los cinco puntos que te van a ayudar a dar tu primer paso hacia el éxito:

Paso 1: Plantea cuál es tu objetivo.

Paso 2: Identifica cuáles son los beneficios que obtendrás.

Paso 3: Da el primer paso y piensa sólo en lo que tienes que hacer hoy.

Paso 4: Identifica qué es lo peor que puede pasar si no actúas.

Paso 5: Haz un compromiso contigo mismo y apóyate en alguien más comprometiéndote con esa persona.

Quédate con estos cinco puntos porque te van ayudar a aumentar el éxito día a día. Utilízalos, revísalos, apúntalos y cuando te cueste empezar algo, recurre a ellos para salir adelante en ese momento.

Ritual mañanero para el éxito

Seguramente por las mañanas haces algo igual todos los días. Te pegunto ¿qué es lo primero que haces en la mañana? ¿Te levantas con energía? ¿Te levantas cansado? ¿Saltas inmediatamente por la prisa que tienes? ¿Te levantas enojado porque tienes sueño y no quieres ir a trabajar?

Probablemente te identifiques con alguna de estas preguntas pues comúnmente nos sucede a todos. Lo importante es saber qué hacer para iniciar tu día enfocado en tus metas y con una actitud positiva. Se dice que la primera hora es la hora más importante para definir qué estado de ánimo tendrás durante el día.

Esto es algo que he escuchado en varias ocasiones y con diferentes gurús de la productividad. Sin embargo, a mí en lo personal sí me ha cambiado la vida y el cambio en mis resultados es verdadero, por eso he adoptado un ritual mañanero para aumentar mi éxito.

Quiero compartir contigo este breve ritual que aprendí hace unos años y que lo comparto tanto a amigos como a mis clientes, y les ha dado resultado para ser más proactivos durante todo su día y enfocarse en lo positivo desde el primer minuto. Son tres pasos muy sencillos para lograr hacer de un breve ritual un éxito en tu vida.

1. Define una meta que quieras lograr, que sea medible, específica y lograble

Si ya tienes tu meta definida, perfecto, si no la tienes, defínela: ¿qué quieres lograr? ¿En cuánto tiempo lo quieres lograr? Ten siempre tu meta bien definida.

2. Crea una frase poderosa y que te empodere

Una frase que te inspire a dar todo de ti durante el día dirigiéndote hacia tu meta. No importa si la frase es corta o larga, lo importante es que sea una frase que te guste escuchar: "Soy una persona exitosa y voy a lograr todo lo que me propongo", este es un ejemplo. Pueden ser frases más largas o incluso más cortas, lo importante es que te mueva y que realmente te inspire.

3. Inventa un movimiento extraordinario y diferente

Un movimiento que te empodere y te levante el ánimo. Puedes aplaudir, tronarte los dedos, hacer como un gorila, lo que quieras, pero haz un movimiento extraordinario que te cambie la postura, que cambie tu estado de ánimo en el momento.

Estos tres sencillos pasos son los que harán que tu ritual mañanero sea todo un éxito. Si estos pasos son verdaderamente impactantes para ti como persona, entonces solo tienes que hacer lo siguiente. Durante todas las mañanas, en el momento en que te levantes lo primero que debes hacer luego de ponerte de pie es:

a. Un movimiento extraordinario

De tres a cinco repeticiones mínimo, pero no quiero que hagas un movimiento sin energía ni fuerza, yo sé que te va a costar porque te acabas de despertar y no estás completamente activo, pero precisamente para esto es, para lograr que te muevas. Un movimiento extraordinario que te empodere y te cambie la postura.

b. Repite esa frase que diseñaste mientras haces tu movimiento

Esto lo puedes hacer desde tres veces hasta las veces que quieras. Hazlo creyéndote la frase, que realmente lo sientas y lo vivas internamente, que lo sienta tu cuerpo, eso es lo importante. Eso lo puedes utilizar también cuando manejes, camines, cuando vayas en el metro, donde sea que te ayude a motivarte.

c. Repite constantemente tu meta

Al menos tres veces también. Repite esa meta u objetivo por el que estás luchando, por el que te levantas todos los días, repítelo constantemente para que tu mente esté bien enfocada en lo que quieres.

Estos tres pasos son muy importantes; primero, porque estás cambiando tu postura, y como bien sabemos la postura define cómo nos sentimos, entonces si con el movimiento cambiamos nuestra postura nos ayudará mucho para que desde el inicio del día comencemos bien.

La frase empoderadora te va a hacer repetirte cosas positivas, recuerda que la motivación es como el gimnasio, tenemos que decirnos, leer y escuchar cosas positivas constantemente para seguir creciendo y estar motivados. Por último, la meta te va a servir para que desde muy temprano estés enfocado en lo que quieres lograr.

Si logras hacer esto a diario verás que desde el inicio del día te va a cambiar la actitud, es normal porque estás cambiando tu postura y tu pensamiento. Si desde la primera hora ya definiste que vas a trabajar y a actuar rumbo a los objetivos, ya estás iniciando el día de manera exitosa. Haz la prueba, tienes mucho que ganar y nada que perder. La decisión de cambiar es tuya, tú sabes si quieres cambiar tu vida o tu estado de ánimo, tú decides si lo haces o no.

Te invito a que hagas la prueba con este ritual todas las mañanas durante quince días y verás que va a cambiar tu actitud desde la mañana y durante todo el día el positivismo será diferente.

Elimina la desidia y avanza hacia el éxito

Es muy común que las personas pospongamos situaciones o compromisos y existen infinidad de razones por lo que pasa esto. Puede ser por flojera o porque no nos gusta hacer lo que debemos y eso influye en que dejemos de lado los compromisos, que los pospongamos.

También puede ser porque no tenemos bien organizado nuestro tiempo. Cuántas veces andamos a las prisas haciendo las cosas del día, no trabajamos en las cosas importantes y estamos detrás de los asuntos urgentes.

Otra razón por la que posponemos ciertas actividades es porque no tienen tanta importancia o al menos no se la damos. Quizá también es que no hemos encontrado el beneficio de hacer esa tarea diariamente o una vez a la semana, puede ocurrir de igual modo que no existe una razón realmente fuerte que te mueva a realizar esa actividad. Sea cual sea la razón por la que posponemos cerrar los asuntos pendientes nos lleva a ser personas desidiosas, a dejar de actuar para lograr lo que queremos.

En este capítulo expongo los cinco pasos para que logres pasar de la desidia a la acción, porque no es sencillo hacer todo lo que debemos hacer. Es común que nos preguntemos con frecuencia "qué sigue, qué voy a hacer ahora". Casi siempre sabemos lo que debemos hacer para que nuestro negocio crezca, para hacer correctamente nuestro trabajo, pero por pereza no lo hacemos. Quizá, como te decía antes, no hemos encontrado el verdadero beneficio de esa actividad, aunque internamente sabemos que es algo que tarde o temprano haremos.

Es el momento de actuar, de tomar acción para cambiar tu vida, para superarte y mejorar tu negocio o empresa. Lee con atención estos cinco pasos, si te es posible por favor apúntalos porque te servirán para pasar de la desidia a la acción.

Antes de pasar a cada punto, quiero que imagines que traes algo en la cabeza que no te gusta, todo el día te está molestando, una vocecita dentro de ti dice "lo tengo que hacer, lo tengo que hacer, lo tengo que hacer" y no lo haces, no actúas, aunque sabes que lo tienes que hacer. ¿Qué pasa? Esperas hasta el último momento para hacerlo, lo haces todo mal, lo haces con presión. Esta es una frase muy común: "funciono mejor bajo presión". Estoy de acuerdo en que algunas personas funcionan mejor bajo presión, sin embargo, bajo presión siempre existe la posibilidad de cometer errores porque tienes un tiempo limitado.

Es importante no trabajar bajo presión, no dejar las cosas para después, estos cinco pasos te indicarán cómo actuar para no esperar hasta el último momento para lograr lo que queremos. A continuación, los cinco pasos para lograr eliminar la desidia en tu vida, en lo personal o en lo profesional.

1. Encuentra una razón o un beneficio positivo de esa actividad

Supongamos que te haces el propósito de ir al gimnasio diariamente. Dices "quiero ir al gimnasio todos los días". Pero no basta con ir al gimnasio simplemente a hacer ejercicio. Si no le ves el beneficio a esa actividad, llegará el momento en que te preguntes para qué vas al gimnasio, dirás "me voy a cansar, a estresar, voy a sudar, perderé el tiempo".

Si te enfocas en el verdadero beneficio de ir al gimnasio, no dejarás de hacerlo. Algunos beneficios en este caso serían que al ir al gimnasio te verás mejor, te sentirás mejor, estarás más saludable, podrás aprovechar esa misma actividad para hacer otras cosas que te gustan como escuchar música, audiolibros, audios motivacionales, etcétera.

Busca ese beneficio para que actúes y hagas las cosas. Este es el paso número uno: encuentra una verdadera razón o beneficio positivo de esa actividad a la que le estás sacando la vuelta.

2. Piensa en cómo te sentirás cuando lo hayas terminado

Recuerda cómo te sentías cuando eras niño y terminabas la tarea. ¿Qué sensación tenías? Respirabas. Decías "ya, ya estoy libre, ahora sí puedo hacer todo lo que quiera, puedo jugar, puedo ver la tele". Estando libre de la tarea ¿cómo te sentías?

Quiero que pienses cómo te ves, cómo te sientes cuando termines esa actividad. Vas al gimnasio, termina el gimnasio y cómo te sientes. Piensa en ese momento después del gimnasio, te bañas, caminas rumbo a tu oficina, ¿cómo es esa sensación de frescura, de haber hecho ejercicio, de actividad? Piensa en esa sensación. Quiero que lo sientas verdaderamente para que te muevas más hacia tu objetivo.

3. Define un bloque de tiempo para hacer esa actividad

Cuando definas esa actividad, ponla en tu calendario o agenda, designa un tiempo específico para lograrla, así va a ser muchísimo más fácil que lo logres.

¿Por qué? Este punto funciona exactamente igual que cuando tienes una cita con un cliente, proveedor o con alguien importante, sabes que a esa hora tienes que estar con esa persona porque es un compromiso con alguien más.

Cuando tú defines un tiempo específico en tu agenda para hacer cualquier cosa como realizar llamadas, crear un proyecto o pensar cómo administrar mejor tu empresa, lo que sea, haces más efectivo tu tiempo. Designarle un horario específico, esto te ayudará a que sepas exactamente cuándo lo vas a hacer y no estarás pensando todo el día "tengo que hacer esto, tengo que hacer esto". No, sabrás que a las cinco de la tarde lo estarás haciendo. Entonces toda la mañana estarás tranquilo porque sabes que esa actividad está agendada para la tarde.

Cuando debo diseñar una conferencia nueva o me habla un cliente para pedirme un tema específico del que soy experto, pero que debo cambiar o crear algo nuevo, defino un día y una hora específicos para trabajar en esa presentación, porque si no lo hago, toda la semana estoy con el pendiente de que tengo que hacerlo. En cambio, si lo definí y lo agendé, por ejemplo, para el jueves de tal hora a tal hora, mi mente se libera de forma automática porque ya sé cuándo lo voy a hacer, llegado el momento es cuando me voy a enfocar en ello, en crear ideas y diseñar la presentación.

Lo mismo te pido que hagas. Define ese bloque de tiempo, primero para que liberes tu mente de esa presión o esa vocecita que te está diciendo constantemente que tienes que hacerlo y después, para que tengas un tiempo específico para actuar y lograrlo. Porque luego se pasa el tiempo, no lo hiciste, aparece nuevamente la vocecita y sientes más presión.

Conforme vayas utilizando esta estrategia, te habituarás más a ella y no la dejarás. Cuando yo hago mis *podcast*s defino un tiempo específico para grabarlos porque si no hago eso, el día se me va y no logro tener un *podcast* por día como me comprometí.

Define un bloque de tiempo que especifique día y hora para hacer y lograr determinada tarea que sabes es importante, pero que hasta ahora por desidia has dejado a la deriva.

4. Comprométete con alguien más y dile que harás esa actividad

Ya hemos tocado este punto, pero quiero que lo recordemos. Es similar a lo que vimos cuando agendas una cita con un cliente, al hacerlo tienes un compromiso con otra persona.

Haz lo mismo en este punto. Define con otra persona el día y la hora en que harás algo, ella sabrá cuándo lo vas a hacer y después podrá preguntarte por esa actividad. Pueden ser retos semanales, mensuales e incluso a largo plazo, en ellos trabajarás para avanzar y subir un escalón hacia tu meta final. La otra persona se comprometerá contigo y una vez a la semana o cada quince días, conversarán sobre cómo vas, si lo hiciste o no. El sólo hecho de pensar que alguien más está involucrado te va a generar un compromiso.

Deberá ser una persona que realmente confíe en ti, que te quiera apoyar y que tú respetes, porque si hablas con un amigo que no te importa quedarle mal o no, no va funcionar ese compromiso. Necesitas encontrar a alguien que te ayude y te apoye para lograr esa meta, alguien que realmente aprecies y no le quieras quedar mal.

5. Piensa en los efectos negativos que traerá no hacer esa actividad

¿Cómo te sentirás al final del día o de la semana si no hiciste la actividad que sabes debes lograr para crecer tu negocio o para superarte? ¿Cómo te vas a sentir? ¿Qué efectos negativos va a tener el no ir al gimnasio, por ejemplo? Cuando no vas al gimnasio ¿cómo te sientes durante el día? Peor de cansado, se siente mejor ir al gimnasio o hacer ejercicio que no hacerlo, a los dos días de dejar la actividad comienzas a sentir malestares en todo el cuerpo.

Piensa en esos efectos negativos de tu actividad física o profesional. ¿Cuánto tiempo más vas a posponer tu actividad para lograr lo que quieres?

Estos cinco puntos son importantísimos para que logres eliminar esa desidia que aparece cuando estás cansado, tienes flojera, no le encuentras el beneficio, porque estás desorganizado con tu tiempo o porque tienes mucho trabajo.

Tener mucho trabajo no te va a llevar a nada, acuérdate que hay una gran diferencia entre actividad y productividad. La productividad es hacer el trabajo que verdaderamente te va a llevar a obtener los mejores resultados en ingresos, en evaluaciones, en ventas, etcétera. No confundamos actividad con productividad.

Y aquí recurro a otro ejemplo con unos de mis clientes. Él me decía que no había alcanzado a hacer tal actividad, argumentaba que había tenido que hacer muchas cosas en la calle, como ir al banco, etcétera. Yo le señalé que esas no son actividades productivas y que otra persona las puede realizar sin problema, le pedí que se enfocara en las actividades productivas, en las que le van a producir más para su negocio o su actividad diaria.

Con estos cinco pasos vas a lograr eliminar la desidia en tu vida personal y profesional. Apúntalos y síguelos para todas las actividades que te son importantes, ya sea en tu negocio o para mejorar tu vida personal:

Paso 1: Encuentra una razón o un beneficio positivo de esa actividad

Paso 2: Piensa en cómo te sentirás cuando lo hayas terminado

Paso 3: Define un bloque de tiempo para hacer esa actividad

Paso 4: Comprométete con alguien más y dile que harás esa actividad

Paso 5: Piensa en los efectos negativos que traerá no hacer esa actividad

Cómo enfocarte en lo que quieres y no en lo que temes

Enfócate en tus metas, no en tus miedos. En este capítulo veremos la importancia de enfocarte en lo que quieres y no en los miedos. Cuando volteamos a ver los miedos y nos enfocamos en ellos, invariablemente nos paralizamos, dejamos de avanzar, de crecer, de crear metas, de inventar sueños. Los miedos limitan cualquier situación.

Esto pasa en casi cualquier aspecto de nuestra vida. Los miedos nos paralizan, no nos permiten lograr lo que verdaderamente queremos, crear nuestro propio negocio, correr un maratón, etcétera. Es importante que te enfoques en lo que quieres obtener. Para ayudarte a lograrlo te voy a dar tres puntos fundamentales.

Antes te contaré algo. Hace tiempo, estábamos en un rancho mi familia y mis amistades con sus respectivas familias, todos muy contentos. Mis hijos jugaban futbol y estaba un perro muy feo, pobrecito. Se encontraba amarrado cerca de donde jugaban mis hijos, en un tiro la pelota quedó cerca del perro, que daba miedo de verdad, estuve a punto de decirle a mis hijos que no se acercaran.

Uno de ellos se quería acercar a recoger la pelota, pero el otro le decía "no, no, está muy cerquita del perro". Dudaron unos minutos hasta que uno de ellos se animó y corrió por la pelota, lo hizo muy rápido y regresó con su hermano a jugar.

Esta situación se relaciona con el tema que estamos tratando, el miedo. Quizá mis hijos temían que el perro los mordiera, sin embargo, uno de ellos perdió el miedo porque su objetivo era recuperar la pelota para seguir jugando. Él se enfocó en la pelota, quería la pelota y regresó con ella.

Ese mismo miedo sentimos nosotros cuando queremos crear un nuevo negocio o emprender una nueva actividad, sucede que nos enfocamos en todo lo negativo que hay alrededor, pensamos todo el tiempo en si la situación es muy difícil, qué va a pasar si no generamos dinero, qué va a decir o pensar de nosotros la gente, si vamos a poder o no, si vamos a poder regresar al puesto donde estábamos o no.

Empezamos a ver todas las cosas negativas y nos acostumbramos a ver sólo lo negativo, quizá se deba porque de niños nos aconsejaron "evalúa todas las opciones, las cosas positivas y las negativas". Y eso es en verdad bueno, evaluar, ser precavidos, enfocarnos.

Si quieres crecer tu negocio, enfócate en eso y haz todo lo necesario para lograr tus metas, da tu 110 % para lograr lo que quieres porque si vas con miedo no vas a llegar nunca.

Todos los días las noticias de la televisión y el radio nos alimentan con información negativa, nos meten mucho miedo para viajar, para cambiar de ciudad, de aires, de negocio, y nosotros nos quedamos paralizados por ese miedo.

"Actualmente la economía está muy difícil", escucho con frecuencia que vendedores lo dicen y continúan "he escuchado que la situación en el país no es la ideal, por eso no estoy vendiendo". No, por favor ¿por qué, entonces, el vendedor de al lado está vendiendo más de lo que ha vendido en toda la historia? Si los vendedores piensan en que la economía del país no ayuda a vender se están enfocando en ese punto, todos hemos escuchado que la economía del país está mal pero no tenemos porque enfocarnos en ello.

En situaciones así, ¿qué es lo primero que haces? Te enfocas en lo negativo y obviamente, terminas con cosas negativas. Te daré un ejemplo personal de cierto momento de mi vida en el que me decía "esto no va a salir". Fue cuando empezaba esto del *coaching* y las conferencias, yo decía "¿cómo le voy a hacer? ¿Dónde voy a conseguir clientes?".

Era impresionante cómo me enfocaba en todo lo negativo "no van a poder pagar, la economía está mal, necesito encontrar gente que tenga mucho dinero, etcétera". Eran situaciones que yo sólo me ponía en la mente. Pero cuando me enfoqué realmente en encontrar a esas personas que necesitaban mi apoyo, todo cambió. Lo más importante es que mis mejores momentos han sido cuando no me he enfocado en vender, sino en crear valor para la gente, apoyarlos, enviarles correos con información importante, crear *podcasts*, ayudar a las personas. Son los mejores meses de mi vida, meses incluso en que he estado de vacaciones y digo "¡wow! ¿Qué está sucediendo? Estoy de vacaciones y me llegan propuestas para dar conferencias aquí y allá".

¿En qué te vas a enfocar? Los miedos nos paralizan. Puede ser que en este momento te enfoques en el dinero, en lo que quieres tener o dirás "mejor no gasto este dinero ¿y si luego me falta?" Cuando visualices enfócate en lo que quieres obtener.

Igual pasa con las parejas sentimentales. Pensarás "no tengo pareja, se me va a ir el tren". Lo que debes hacer no es enfocarte en que te vas a quedar sin pareja, enfócate en que vas a encontrar una pareja, concéntrate en lo que quieres obtener y no en lo que quieres evitar.

Imagínate que eres un niño que vende galletas. Vas a una casa y sabes que en esa casa te van a comprar porque les encantan las galletas. Con el dinero que reúnas de las ventas quieres comprarte una bicicleta, pero ¡oh, sorpresa! Llegas a la casa y ves a un perro grande y feo (igual al que vi en el rancho), tú le tienes miedo a los perros, ¿qué harías? ¿Timbrarías y te aguantarías los ladridos del perro porque quieres tu bicicleta y para ello debes vender galletas, o mejor seguirías a la siguiente casa esperando que te compren? Una vez más: enfócate en lo que quieres obtener, no en los miedos porque los miedos te paralizan.

Estos tres puntos te van a ayudar a lograr lo que quieres obtener, no lo que quieres evitar:

1. Define tus metas positivamente

Nuevamente te lo digo, define positivamente lo que quieres obtener, no lo que quieres evitar. Muchas veces llegan conmigo clientes y me dicen: "mi objetivo es salir de las deudas", y yo les respondo "pero si eso es negativo, eso no es lo que quieres obtener, lo que tú quieres obtener es otra cosa, enfócate en lo que quieres obtener y por añadidura vas a salir de deudas".

2. Cuando visualices tu futuro, siempre visualiza lo que quieres tener

Lo que quieres obtener, dónde quieres estar, cómo quieres estar. No te visualices fracasado, sin éxito, con problemas económicos, no te visualices así, visualízate positivo, con una actitud de éxito, de ganador, vete en el futuro como una persona exitosa.

3. Mantén tu mapa del tesoro, tu mapa del éxito a la vista todos los días

¿Recuerdas el mapa del éxito o mapa del tesoro? Si no lo has hecho, hazlo, si no lo has leído, léelo. Practicar con el mapa del tesoro te ayudará a enfocarte en lo que quieres, enfocar, enfocar, enfocar. Cuando tus ojos están viendo constantemente lo que quieres obtener, tu mente busca la forma y opciones para encontrarlo y para hacer que suceda.

Entonces tenlo siempre ahí contigo, tenlo a tu lado, en la oficina, en la mesa de la computadora, en tu celular, en un lugar que cuando te levantes lo veas todos los días, mantén ahí tu mapa del éxito.

Espero que estos tres puntos ayuden a que te enfoques en lo que sí quieres y no en lo que temes que suceda. Enfocarte te va a hacer grande, exitoso, contribuirá a aumentar tu éxito, a crecer, a superarte, a ser mejor persona y empresario. Espero que te lleves algo importante para tu crecimiento personal y que lo apliques, porque si no lo aplicas de nada sirve haber leído este capítulo.

Una persona realmente exitosa evita hacer...

Hay razones por las que las personas exitosas son exitosas. En este apartado vas a descubrir por qué. Quiero que pienses en una persona exitosa que conozcas, en un gran empresario, sea que lo conozcas de cerca o hayas leído sobre él o ella porque quiero que te centres en esa persona. Veremos siete puntos que una persona realmente exitosa evita hacer en su vida y negocio.

Recuerda que una persona exitosa primero empieza por ser exitosa ella misma como persona para después lograr ser exitosa como empresario. Quiero que te centres en esa persona que pensaste para que te des cuenta de que seguramente los puntos que te voy a decir van a ser muy claros y vas a identificar con el ejemplo que tienes en mente. Al final dirás "sí, es cierto, de los siete puntos, mi ejemplo tiene seis".

Una persona verdaderamente exitosa evita hacer muchas cosas y hace muchas otras, pero esta vez vamos a enfocarnos en qué evita hacer una persona que quiere triunfar, lograr cosas grandes, que quiere llevar su vida y su negocio al siguiente nivel.

Estos puntos son cosas que has visto gente exitosa, que ha logrado cosas grandes e importantes, tanto en su vida personal como en su vida profesional. He visto muchísimos casos de éxito, muchísimas personas que he tenido la oportunidad de apoyar y ahora veo cómo el éxito se va dando en el club serempresarioexitoso.com, donde la gente va avanzando y mejorando. Sus miembros están logrando un pequeño grupo de éxito para ser los verdaderos empresarios exitosos que quieren ser.

Por eso hoy quiero compartirte estos siete puntos. Una persona realmente exitosa evita hacer esto:

1. Evita hacer cosas que no van con ellos mismos

Evitan hacer cosas que no van con ellos mismos, con su filosofía, sus valores, sus creencias e ideales. Ellos no hacen cosas que no vayan enfocadas a todo lo anterior, como decir que no a una propuesta interesante porque no está de acuerdo con sus ideales, sus valores, creencias o su filosofía. Rechazan hacer cosas que no vayan con sus principios y valores.

2. Evitan regresar a hacer lo que no les ha funcionado en el pasado

Si a las personas exitosas no les funcionó algo en el pasado, lo intentaron correctamente varias veces, de diferentes formas y se dieron cuenta que eso no funciona, evitan regresar a lo mismo.

3. Jamás buscan cambiar a otras personas

Al contrario, buscan potencializarlas. Mucho ojo, a veces queremos cambiar a los demás porque creemos que nosotros estamos en lo correcto y que los demás están equivocados. Las personas realmente exitosas no quieren cambiar a los demás, al contrario, los potencializan en sus fortalezas y desempeño, para que los apoyen a triunfar en su negocio.

4. Evitan creer que pueden complacer a todos

Este punto es importantísimo. Sobre todo, si estás directamente involucrado en las ventas o con un equipo de trabajo, jamás vas a poder complacer a todos.

Tienes que ir con una dirección fija rumbo a tus metas, tomar las decisiones necesarias que te llevarán a ellas. En ese camino va a haber gente a la que no vas a poder complacer, tanto de tu equipo, como clientes o prospectos.

Entonces no pasa nada si tienes diez clientes y uno de ellos te dice "es que no me gusta la forma como trabajas". No pasa nada, hay que aprender, ver cómo puedes ayudar a esa persona, pero nunca vas a poder complacer a todos.

Tú sigue adelante y no permitas que una persona de diez te desanime, porque que es común que pase. En mi caso, cuando empecé con mis *podcasts*, al principio había gente que decía cada burrada… Si yo hubiera dejado que la gente que hablaba mal de mí me influyera, no hubiera hecho nada, por ejemplo, el grupo de serempresarioexitoso.com no podría estar creciendo ni triunfando. Pero no permití eso. Así tú no permitas que a quienes no pudiste complacer por una u otra razón, te limiten a triunfar. Acuérdate, nunca vas a poder complacer a todos.

5. Una persona realmente exitosa evita el placer inmediato

Es capaz de esperar por el placer un largo tiempo. Seguramente has escuchado el famoso reto de los bombones. Es un estudio con niños que dejan en un cuarto con un bombón y les dicen: "si cuando regrese no te has comido ese bombón, te voy a dar un segundo bombón". Es padrísimo, ves las caras de los niños intentando aguantarse para no comerse el bombón, unos que no aguantan y de plano se lo comen.

Lo interesante de este estudio es que habla precisamente del beneficio que hay en evitar el placer instantáneo para obtener un placer a futuro, un beneficio más adelante y los niños que se esperaron al segundo bombón, después de varios años de estarlos siguiendo, se dieron cuenta de que fueron mucho más exitosos de los niños que se comían el bombón inmediatamente porque no se esperaron al beneficio a largo plazo.

A veces eso es lo que nos mata inmediatamente, porque queremos comprar cosas nuevas, queremos que ya nos vaya bien en el negocio, en vez de estar trabajando por el beneficio a largo plazo que es el que nos va a dar verdaderos resultados.

6. Una persona realmente exitosa evita confiar en alguien que no les da buena espina

Si alguien no te da buena espina y al verla piensas "esta persona me va a hacer algún daño, esta persona me va a tumbar el negocio", no confíes en una persona con la que no tienes un buen *feeling*. Quizá te puedas equivocar, pero las personas exitosas evitan a alguien que no les da buena espina.

7. *Jamás deja de ver su meta*

Siempre tiene su vista fija en sus metas, sus objetivos, rumbo a lo que quiere lograr y obtener. Sigue con la vista fijamente enfocada en lo que quieres, no quites la vista de ahí a pesar de las circunstancias, a pesar de los problemas, de las broncas, de lo que sea. No quites tu vista de tu meta porque puedes lograr mucho más siempre.

Recuerda seguir triunfando, recuerda pensar como una persona exitosa. Si hoy no te consideras exitoso - que yo sé que sí lo eres - piensa con estos siete puntos como una persona exitosa y actúa como tal para convertirte en ese empresario que quieres ser.

Siete hábitos de la gente productiva

¿Qué hace la gente productiva para lograr sus metas y avanzar más rápido hacia ellas? La gente que ha tenido éxito no solamente profesional sino también en su vida personal ¿qué es lo que hace? ¿Cuáles son sus hábitos?

En esta parte veremos siete hábitos que realizan las personas productivas para lograr lo que quieren, son siete puntos que realmente no son nada nuevos. Cuando los escuches te vas a preguntar "¿tan fácil?" Así es, estos son los hábitos que hay que adquirir para ser más productivo y avanzar con mayor rapidez hacia el éxito, hacerlos nos ayudarán a generar constancia y a avanzar hacia lo que queremos.

Todas las personas tenemos hábitos positivos y hábitos negativos. Seguramente si te pregunto ¿qué hábitos tienes?, me puedes responder con facilidad cuáles son tus hábitos positivos y tus hábitos negativos. El primer hábito que llevan a cabo las personas productivas es que:

1. Definen metas

Probablemente pensarás que este punto lo sabes, parece muy obvio, pero lo repito: definen metas. ¿Ya definiste tus metas? ¿Ya las tienes establecidas como metas medibles, específicas y logrables? ¿Es una meta que te mueve, que te apasione, es una meta que te motive a levantarte todas las mañanas con todo el potencial y todas las ganas de lograrla?

La gente productiva define metas no solamente en su mente, las pone por escrito bien sea en una libreta o en un archivo de la computadora, pero las escribe y las tiene siempre a la vista para recordar las cosas importantes que quiere logar, así fijan un punto para llegar a él. Aquí radica la importancia de establecer metas, para tener un rumbo específico y no estar dando vueltas perdiendo tiempo, dinero y esfuerzo.

Un día saliendo de la oficina llamé a mi esposa y la invité a cenar, ella aceptó. Llegué por ella a casa, subió al auto y le pregunté a dónde íbamos a cenar, ella respondió "a donde tú quieras". Quizás te haya pasado. Ella iba platicando y platicando, pasaron cinco minutos, luego diez minutos y le volví a preguntar "mi amor, ¿a dónde vamos?" y me respondió lo mismo "a donde tú quieras". Yo seguí manejando, dando vueltas. ¿Y a dónde íbamos? A donde yo quería, pero no lo había decidido. Después de veinte minutos de estar manejando a ningún lado, de perder tiempo, gasolina y esfuerzo. Le pregunté de nuevo a mi esposa "¿a dónde vamos?", la respuesta fue la misma: "a donde tú quieras". Terminamos yendo a las mismas hamburguesas de siempre, a tres minutos de mi casa. ¿Qué hubiese sucedido si desde que se subió al auto hubiésemos decidimos ir a las hamburguesas? Habríamos tardado tres minutos en llegar y habríamos ahorrado tiempo, dinero, esfuerzo y ¡la gasolina!

Pasa exactamente lo mismo en la vida de las personas que no definen sus metas. Van divagando, van manejando por toda la ciudad sin saber a dónde van a ir y están perdiendo tiempo, dinero y esfuerzo. Por eso es importante definir tus metas, para ser productivos. Para que te enfoques y vayas directo hacia tus objetivos, y así no des vueltas perdiendo el tiempo.

2. La gente productiva administra su tiempo

Hacen un balance entre lo personal y lo profesional, entre la familia y el trabajo, hacen un balance correcto. Algo importante: se enfocan en que durante su día laboral tendrán tiempos específicos para trabajar en lo más importante.

3. La gente productiva se enfoca en actividades productivas

En lugar de estar perdiendo el tiempo en actividades que no son importantes o no los harán avanzar hacia sus metas u objetivos, se enfocan en actividades que realmente les van a generar ingresos o que les permitirá dar un paso adelante hacia su meta final.

4. La gente productiva toma decisiones rápido

Este es un hábito muy sencillo pero muy importante. Las personas productivas no pierden el tiempo preguntándose qué será mejor, eso es pérdida de tiempo. Y no solamente pérdida de tiempo físico sino pérdida de tiempo mental, porque estar uno o dos días tomando una decisión quita tiempo para enfocar la mente en cosas productivas, en ser más productivo y hacer cosas para avanzar. Toma decisiones rápido, porque eso te va a ayudar a avanzar.

Yo sé que a veces cuesta tomar decisiones, pero las decisiones siempre te harán avanzar, si más adelante piensas que no has tomado la mejor decisión no importa, toma otra decisión y sigue avanzando.

5. Hacen primero lo más importante

Sí, las personas productivas hacen primero lo más importante para su negocio y su vida. Esto ayuda muchísimo a avanzar más rápido y a ser más productivos. ¿Acaso no te ha pasado que llegas a la oficina y lo primero que haces es revisar el correo, vas por un café, esperas a que las cosas sucedan, a ver si te llega otro correo, otro pendiente?

Primero enfócate en lo importante, en generar tus ventas, en generar tus citas, en hacer llamadas para generar tus citas, en trabajar en tu *marketing*, en tu productividad. Enfócate primero en lo más importante, como la gente productiva.

6. Aprovechan las oportunidades

Recuerda que las oportunidades están ahí para aprovecharse. Hay quienes se suben al carrito y otras que se tardan en tomar decisiones no se suben al carrito y quizás ese carrito los pudo haber llevado al éxito.

Las personas productivas aprovechan las oportunidades que les presenta la vida, es uno de los hábitos que tienen. Constantemente están buscando y aprovechando las oportunidades de alguna u otra forma.

7. La gente productiva es constante en lo que hace

Hacen lo mismo con constancia para lograr resultados. Los mismos hábitos positivos para avanzar hacia el éxito. Hay que ser constantes para perseverar.

Te repito los siete hábitos de la gente productiva:

Hábito 1: Definen metas

Hábito 2: Administran su tiempo

Hábito 3: Se enfocan en actividades productivas

Hábito 4: Toman decisiones con rapidez

Hábito 5: Hacen primero lo más importante

Hábito 6: Aprovechan las oportunidades

Hábito 7: Son constantes

Espero que estos siete hábitos tan sencillos te ayuden a avanzar más rápido hacia tu metas, sueños y objetivos.

Cinco acciones para catapultar tu negocio rápidamente

Hace tiempo una persona se me acercó y me preguntó: "Tú que has apoyado a tantos dueños de negocios, quiero que me digas ¿qué puedo hacer para impulsar el mío?" De inmediato le pregunté: "¿A qué te dedicas?", cuando me explicó, lo primero que le sugerí fue: "Haz el doble de llamadas que hiciste el mes pasado". Se sorprendió, abrió aún más los ojos y me respondió: "Lo dices muy sencillo". Entonces, le expliqué: "Es que es muy sencillo, eso depende cien por ciento de ti, ¿o no?" Su respuesta fue: "Sí, pero tengo que conseguir prospectos", y yo continué: "Entonces tu objetivo es hacer el doble de llamadas del mes pasado y para eso ¿qué necesitas hacer? Necesitas obtener referidos, obtener los prospectos. Buscar a quién le vas a hablar no es solamente levantar el teléfono y hacer la llamada, hay un trabajo previo, pero hacer el doble de llamadas de tu mes anterior te va a impulsar a hacer cosas diferentes".

Existen muchos casos como el anterior, por eso te quiero compartir estas cinco acciones que catapultarán tu negocio rápidamente. Te darás cuenta de que son acciones muy sencillas pero que pueden producir un cambio rápido e impactante en tu negocio. Se trata simplemente de actuar, son acciones que dependen en su totalidad de ti, eso es todo, y si las realizas, tendrán un impacto rápido en tu negocio. Son acciones masivas, rápidas e intensas, que una vez realizadas levantarán en poco tiempo tu negocio, lo impulsarán y catapultarán hacia el éxito.

Esto no te lo digo para que lo eches en saco roto, te lo digo para que lo hagas. Si hablo de ello es porque a mí me ha pasado. Cuando me encuentro en un momento difícil, en el que veo que las cosas no se están dando, cuando la situación es muy complicada, inmediatamente hago una de estas acciones, impulso rápidamente una acción masiva y todo cambia.

Lo que quiero que hagas en este momento, una vez que termines de leer este apartado, es que empieces a trabajar en estas cinco acciones para catapultar tu negocio rápidamente.

1. Haz el doble de llamadas que el mes anterior

El primer paso es precisamente la respuesta que le di a aquella persona. Haz el doble de llamadas que el mes anterior; pueden ser llamadas, pueden ser citas, dependiendo de cuál sea tu negocio, pero haz el doble de lo que te produce ingresos.

2. Invierte cuatro horas de tu semana en diseñar un plan rápido de acción

Diseña una promoción o una estrategia para salir rápidamente de ese momento en que piensas "está muy difícil". Invierte cuatro horas en diseñar un plan de acción específico y rápido para salir de la situación en la que te encuentras ahora mismo.

3. Desayuna con dos de tus clientes actuales por semana

Desayuna, come, ve a un café con dos de tus clientes actuales. No tienes idea del potencial que tiene esta actividad, ellos te darán muchísima información. Además, lo cual es muy importante, si son clientes que están contentos, te pueden proporcionará los datos de nuevos prospectos, te pueden dar referidos.

Aprovecha que tus clientes están satisfechos, pueden impulsarte y canalizarte con otros prospectos a clientes, iguales o mejores que ellos.

4. Delega lo administrativo y confía en tu equipo

Delega lo que no te produce ni un quinto, basta de perder el tiempo haciendo numeritos, cartas y actividades que sólo te quitan energías. Enfócate en lo que hará crecer tu negocio, enfócate en las ventas. Recuerda: dedica el 80 % de tu tiempo en ventas y el 20 % en actividades que no son ventas.

Tal vez pienses que lo que a continuación te diré no tiene nada que ver con tu negocio, dirás "eso no tiene nada que ver con mi actividad diaria para hacer crecer mi negocio", pero ojo, quizá éste sea el punto más importante de todos en este apartado:

5. Duérmete temprano

Así es, dormir temprano impulsará tu negocio. ¿Por qué va a impulsar tu negocio? Porque vas a estar mejor, más activo, porque vas a tener una mentalidad más clara, vas a poder pensar y sentir diferente. De esa forma tu plan de acción lo vas a hacer mejor y con más rapidez, vas a tener más energía para hacer el doble de las llamadas que hiciste el mes anterior y vas a poder ir a desayunar más temprano con clientes. Entonces: duérmete temprano.

Voy a repetirte las cinco acciones para catapultar tu negocio rápidamente:

Acción 1: Haz el doble de llamadas que el mes anterior

Acción 2: Invierte cuatro horas de tu semana en diseñar un plan de acción rápido

Acción 3: Desayuna con dos clientes actuales a la semana

Acción 4: Delega lo administrativo y confía en tu equipo

Acción 5: Duérmete temprano

Gracias por confiar en ti, gracias por creer en ti, gracias por invertir tiempo en ti, porque esto te va a hacer triunfar. Estar en constante capacitación y crecimiento te convertirá en una mejor persona, mejor dueño de negocio, mejor empresario y como consecuencia natural, crecerás en todos los aspectos de tu vida.

Atrévete y logra resultados extraordinarios

"El que no arriesga no gana", toda mi vida he escuchado esta frase y con los años me he dado cuenta de la importancia de tomar acción, de atrevernos a lograr cosas grandes. Por supuesto no propongo hacerlo a lo tonto, al tomar decisiones hay que ser lo más preciso posible, pero nunca sabremos si éstas son las correctas o no si no las efectuamos.

Existen cinco puntos claves para que te atrevas a realizar cosas grandes, sin tener que actuar a lo loco. Hay que atreverse a hacer cosas diferentes, porque como dice la famosa frase: "si buscas resultados distintos, no hagas siempre lo mismo"; si seguimos haciendo lo mismo tendremos los mismos resultados.

Si no has logrado lo que deseas, necesitas cambiar de estrategia, hacer cosas distintas. En el momento en que tomes esa determinación es cuando empezarás a crecer y lograr resultados distintos, siempre de la mano de una estrategia que te ayude en los peores momentos. Para lograr cosas extraordinarias hay que salir de nuestra zona de confort, atrevernos a lograrlas. Las personas que han logrado resultados extraordinarios son las que se han atrevido a actuar diferente.

Mi esposa me mostró hace tiempo un libro que decía "cuánto hubieras apostado a que estas personas no lograban grandes cosas", trataba de la vida de personajes que han logrado cosas extraordinarias en la historia como Thomas

Alva Edison o Albert Einstein y que, como muchos otros, cuando estaban en la escuela no eran nadie, pero que luego lograron cosas extraordinarias porque se atrevieron, hicieron cosas diferentes y pensaron distinto.

1. Cuando te atrevas, no te lances al agua con ambos pies

Busca la forma de primero entrar con un pie, de lo contrario, no habrá vuelta atrás. Poco a poco toca el agua con un pie.

Imagina que una persona dice "¿Sabes qué?, voy a empezar un nuevo negocio y dejaré todo lo que tengo, arriesgaré todo en esto". Está bien arriesgarse, atreverse, pero esta persona debería hacerlo poco a poco, elegir un horario, empezar con un medio turno, en las noches o por las mañanas, pisar con un solo pie, no entrar al agua con los dos al mismo tiempo.

Cuando inicié mi carrera como conferencista, como *coach*, lo hice primero dando sesiones de *coaching* por las noches, mientras tenía mi trabajo estable. Poco a poco se fueron llenando mis horarios, tuve que tomar la decisión de dejar el trabajo de tiempo completo, conseguí un trabajo de medio tiempo. Dejé las tardes libres para seguir creciendo como *coach*. Así fue como empecé, primero usé una pierna y, cuando era momento de lanzarse por completo, utilicé ambas piernas y fui avanzando.

2. Evalúa todas las opciones antes de atreverte

No entres a lo loco, pero tampoco dejes de atreverte, evalúa las opciones, los pros, los contras, las oportunidades y los riesgos.

3. Toma la decisión

No te quedes sin tomar una decisión, vas o no vas, pero no te quedes sin tomar alguna decisión. Es mejor que digas "no", a que tomes una decisión con inseguridad, es "sí o no". Te recomiendo que definas una estrategia para el "sí", y si es "no", no hay problema, a veces es más sabio atreverte a decir que no. Si las condiciones no están dadas, es mejor decir que no, es de sabios hacerlo.

4. Confía en ti

No fijes en tu mente lo que puede salir mal, deja de preocuparte por las cosas que pueden fallar y ocúpate de las cosas que van a salir bien. Hay una anécdota que me gusta mucho y te la comparto.

El director de recursos humanos de una empresa llegó a la oficina del director general y le preguntó: "¿Qué hacemos?, acabamos de contratar a varios vendedores y no sé si capacitarlos, porque si lo hacemos invertiremos dinero y tiempo en ellos, ¿y qué pasará si se van? El director general le contestó tranquilamente: "Ahora, imagínate ¿y si se quedan?, sería peor porque no les diste capacitación, no invertiste tiempo y se quedaron".

Hay que confiar en que las cosas van a salir bien, no tomes decisiones con base en lo que puede salir mal, debes tomarlas con base en lo que quieres lograr, lo que quieres obtener. Confiar en que las cosas saldrán bien, si dependen de ti, no tienen porque salir mal.

5. Busca siempre tener un salvavidas cerca

Imagina que entras al mar y nadas, ¿qué es mejor? ¿Que te lances sabiendo que no habrá nadie cerca? ¿O que te lances sabiendo que hay una persona con un salvavidas? Así son los retos de la vida, lánzate siempre buscando que esté un salvavidas cerca.

Y ¿qué es un salvavidas? Pueden ser muchas cosas: un ahorro, una persona que te apoye, te motive y te guíe, o puede ser un ingreso extra. Busca siempre tener un salvavidas cerca, alguien o algo que pueda sacarte de una situación en la que no querías caer.

Recordemos los cinco pasos para lograr resultados extraordinarios:

Paso 1: Cuando te atrevas, no te lances al agua con ambos pies

Paso 2: Evalúa todas las opciones antes de atreverte

Paso 3: Toma la decisión

Paso 4: Confía en ti

Paso 5: Busca siempre que esté un salvavidas cerca

Técnicas para desbloquearte y triunfar

Una de las técnicas que utilizo cuando mis hijos están llorando es algo similar a lo que te voy a compartir en este apartado. Cuando mis hijos llegan llorando porque se golpearon, lo primero que les pido es que me muestren dónde se pegaron y cuando veo dónde fue me asombro y les digo: ¡Se te salieron las tripas! Inmediatamente voltean a mirarme y nos reímos sin parar, eso me pasa con mis tres hijos.

La broma de cierta forma ya generó un anclaje con mi simple expresión de asombro, ya con eso automáticamente saben que los voy a hacer reír, se les quita el dolor y comienzan a reír porque les rompí inmediatamente ese patrón de dolor y lo cambié por un patrón de risas. Ahí es donde todo empieza a cambiar. Al principio no entendían, pero ahora inmediatamente se empiezan a reír.

¿Cuántas veces nos ha pasado que decimos: "es que no puedo, es muy difícil"? porque estamos bloqueados totalmente por una creencia o por algo que nos está limitando en ese momento, pero realmente está solo en nuestra mente. A lo mejor a ti como líder de negocio te va a pasar con tu equipo de trabajo, quizás te digan que no pueden o haya personas que se bloquean, y no es porque no quieran, sino porque creen que no pueden.

El asunto es cambiar inmediatamente esos patrones: cuando dicen que no pueden, que están tristes, cuando se bloquean con frases negativas que no los ayudan a crecer ni mejorar, en ese momento hay que interrumpirlos, hay que hacer algo para cambiar ese patrón. Te voy a compartir cómo lograr desbloquearte tú mismo o desbloquear a alguien más de tu equipo que no se está permitiendo lograr metas y objetivos que tiene planteados.

1. Identifica qué es lo que te está bloqueando

El factor que los bloquea puede ser miedo o alguna situación que los está limitando en ese momento, alguna traba burocrática, cualquier cosa que los pueda estar obstaculizando.

2. ¿Cómo romper el patrón?

Diciendo algo raro. Algo que distraiga a la persona para sacarlo de ese enojo o situación que no le permite cambiar. Cuando lo sacas del patrón, inmediatamente comienza a pensar diferente. Puedes, incluso, utilizar una mala palabra. Que se asombre de escucharte decir algo que antes no habías dicho, automáticamente ya lo sacaste del patrón de negatividad.

3. Cambiar su enfoque

Después de cambiar el patrón, le vas a cambiar el enfoque. Pregúntale qué quiere lograr e inmediatamente va a pensar en lo que sí quiere lograr, no en lo que lo está bloqueando.

4. Crea una nueva posibilidad

¿Cómo lo logramos? Dale opciones sencillas. Cuando le empiezas a dar posibilidades nuevas de cómo lograrlo, la persona se olvida de lo que lo estaba bloqueando. Al crear una nueva posibilidad, creas nuevas estrategias.

5. Da el primer paso rumbo a esas posibilidades

A mi esposa y a mí nos sucede muchísimo con uno de mis hijos cuando hace la tarea, constantemente repite que no puede, con él funciona romper el patrón que lo lleva hacia abajo. Mi hija pequeña se enoja e inmediatamente cruza los brazos, yo lo que hago es bajarle los brazos y le comienzo a hacer cosquillas, y automáticamente le cambio el patrón.

Seguramente tú también lo haces, sólo que no sabes que lo estás haciendo, pero eso que yo hago con mis hijos y probablemente tú haces con los tuyos, con tus sobrinos, ahijados, también lo puedes hacer con tu equipo de trabajo. Tú como líder un equipo debes de cambiar el enfoque, la perspectiva de tu gente. No los dejes solos, cámbiales la perspectiva.

Te repito rápidamente estos cinco pasos:

Paso 1: Identifica qué está bloqueando

Paso 2: ¿Cómo romper el patrón?

Paso 3: Cambia el enfoque

Paso 4: Crea una nueva posibilidad

Paso 5: Dar el primer paso rumbo a esas posibilidades

La llave del éxito

Al terminar una sesión con uno de mis clientes particulares, después de haber definido su meta, me agradeció porque sentía que ya era exitoso y que iba camino a más éxito. El simple hecho de haber definido su meta le dio la posibilidad de ser más exitoso de lo que hasta el momento era y eso es lo que te quiero compartir a ti.

¿Cuál es la llave del éxito? La llave del éxito que te voy a compartir hoy es tener metas, ése es el principio del éxito. Cuando sabes y tienes claro hacia dónde quieres llegar, cada paso que das es un éxito y eso es lo que verdaderamente te llevará a la plenitud.

¿Recuerdas mi frase que repito constantemente? "Sueña, vive, realiza." ¿Qué significa esa frase? Lo primero es que sueñes con algo grande, que definas metas, que quieras crecer, mejorarte, obtener más éxito del que ya tienes. ¡Sueña! Lo primero que debemos hacer es soñar en grande ¿hasta dónde soñamos? Hasta donde nosotros queramos, nosotros mismos nos ponemos el techo que queramos. Después "vive", porque yo quiero que vivas ese sueño, que vivas el camino para llegar a tus metas y objetivos. Si tú vives, estás siendo feliz, estás disfrutando, aprovechando el tiempo mientras caminas rumbo a tus metas y objetivos, cuando vives realmente estás aprovechando el tiempo y eres feliz. Y finalmente "realiza" …

Muchas personas en el mundo están buscando la felicidad, si eres una de esas personas, te cuento que ésta llega de muchas formas: haciendo crecer tu negocio, disfrutando cada paso que das para lograr esa meta u objetivo.

¿Por qué coloco primero la palabra "sueño" y después "vive"? Porque quiero que vivas, que día a día estés disfrutando y tengas esa mentalidad ganadora que te va a dar la felicidad diaria, que cada paso que des realmente lo goces, que disfrutes lo que hagas, cada estrategia, lo que haces bien y lo que no, que disfrutes incluso tus tropiezos. Recuerda que no existen los "fracasos", son aprendizajes, son resultados, y depende de nosotros tomarlos como aprendizaje o no.

Sueña, vive y "realiza", ¿por qué realiza? Porque ir logrando tus metas te va a hacer sentir cada vez más realizado. Ir logrando tus objetivos, te dará la certeza que estás creciendo, que estás avanzando. El primer paso es que sueñes, el segundo es que disfrutes y vivas la vida mientras vas realizando cada uno de tus sueños. Por eso es "sueña, vive, realiza".

La llave del éxito es muy sencilla: definir tu meta. Para cada uno de nosotros el éxito es diferente, para unos es el dinero, para otros el amor, para otros la felicidad, para otros la libertad. Cada uno de nosotros tiene un concepto distinto del éxito. Yo no sé qué representa el éxito para ti, pero tú sí y debes encontrarlo. Una vez que sepas lo que quieres, definas tu meta y empieces a soñar en grande, desde ese momento ya tienes la llave del éxito.

Como podrás ver, esa llave la tienes tú, tienes la posibilidad de tomarla y abrir la puerta. Solamente tú lo vas a decidir, yo no te voy a decir cómo vas a hacer las cosas. Yo te voy a apoyar para que sigas adelante en el camino, pero la decisión de tomar esa llave y definir tu meta, de soñar en grande, de disfrutar la vida día a día y de ir realizando cada uno de esos sueños, es tuya, solamente depende de ti.

¿A partir de cuándo quieres tomar esa llave del éxito, incrustarla en la puerta y abrirla? Muchas personas me dicen que es muy difícil, pero la verdad es que lo primero que debes hacer es soñar en grande, después conviertes ese sueño en una meta. ¿Recuerdas cómo hacerlo? Le pones una fecha límite, en ese preciso momento ya cambiamos el sueño, el deseo por una meta. Cuando le pones fecha, llega.

Tienes la llave del éxito, tú decides si la tomas y haces algo con ella, o simplemente te quedas como estás. Tú decides si después de terminar de leer este capítulo te sientas a escribir tus sueños o te quedas como estás. Si ya los escribiste, ¡felicidades! Tienes la llave del éxito en tus manos, vas rumbo hacia él.

Una vez que soñaste y definiste tus metas, vive y disfruta cada paso que das para que después vayas realizando cada una de esas metas y objetivos en tu negocio o en tu vida personal.

Date permiso de expandir tu mundo

¿Cuántas veces te han cuestionado acerca de un plan tuyo que consideran no será exitoso? ¿Cuántas veces te han cuestionado incluso familiares y amigos? Son personas que nos quieren y quieren vernos crecer, pero al mismo tiempo nos están hundiendo, nos impiden avanzar.

Yo quiero que te des permiso de expandir tu mundo, de pensar de manera diferente, de crear cosas distintas y grandes, de cumplir sueños imposibles, porque para eso venimos a este mundo. Sucede que la mayoría de las personas en el mundo van contra la corriente, en vez de enfocarse en ver cómo crecer, en ver lo positivo, en cómo ser mejores y están buscando las cosas negativas.

Cuando eso te suceda, recuerda que las personas tenemos el poder de decidir qué queremos, hasta dónde queremos llegar, tenemos el poder de decidir si pensamos positivo o negativo. Y como siempre he dicho: cuesta lo mismo pensar positivo que pensar negativo, ¿qué prefieres?

Date permiso y no tengas miedo de lograr cosas grandes. Como ya te dije, seguramente irás en contra de la corriente de muchas personas, y me refiero incluso a personas muy cercanas a ti y que te quieren. Irás en contra de sus creencias e ideales, pero necesitas hacerlo. La mayoría de las personas en este mundo están cerradas a posibilidades grandes y no culpo a nadie, porque a veces hay muchas razones por las que una persona trunca su crecimiento. No los culpo, pero te invito a que no los escuches.

No escuches las palabras que no te invitan a crecer. A mucha gente le gusta ir en contra de la prosperidad, no quieren crecer por muchas razones, o simplemente no te quieren ver crecer. Y no solamente por envidia, a veces es por el simple hecho de pensar que si tú creces y logras cosas grandes te irás de su lado o te separarás de ellos. Recuerda que la gente que te quiere a veces te quiere halar hacia abajo y no porque no te quiera, sino precisamente porque te quiere; pero por el hecho de que te quieran y de que tú los quieras, no debes dejar de hacer cosas grandes.

Tú debes crear el camino, hacer esa brecha para que los demás pasen, de eso se trata ser un verdadero líder. Abrir brechas para lograr que más personas vayan hacia adelante igual que tú. La mayoría de las personas están cerradas mentalmente a pensar en grande y quieren que las personas cercanas a ellas mantengan la misma mentalidad, por eso dicen que los que piensan en grande están locos, y es verdad, estamos locos y quiero que te unas al club de los que estamos locos por pensar en grande.

Porque los que pensamos en grande queremos lograr cosas que mucha gente ni se imagina. Seguramente tú que estás leyendo esto, lo quieres hacer y tienes esos sueños, quizá están guardados por miedos o inseguridades. Date permiso de crecer, de ser grande, de lograr todos tus sueños y objetivos. ¿Por qué? Simplemente porque se puede, porque es posible, porque te lo mereces, o ¿hay alguna razón por la cual no te lo merezcas? ¡Claro que no! Mereces ser feliz, mereces tener sueños y lograr cosas grandes. Por el simple hecho de estar acá tienes las posibilidades, únete y sé un loco más por el éxito, por cosas grandes e inimaginables, rompe los paradigmas, los límites y los miedos.

Vive la vibra de las cosas positivas, si a alguien cercano le va muy bien, tú también debes vibrar de la misma forma y celebrar con esa persona. No pienses negativo ni critiques los triunfos de los demás, más bien, celebra y alégrate, genera constantemente buenas vibras para seguir creciendo, seguir avanzando en tu negocio, en la vida, en las relaciones, en los deportes, en lo que sea.

Tú que eres dueño de negocio, que vas como muchos otros, en contra de la corriente, que seguramente escuchas que te dicen: "¡Hijo, es que esa idea que tienes es buena, 'pero' a lo mejor...!" Y el "pero" por todos lados. Ve en contra de la corriente, sé un loco por las cosas grandes, vive la vibra de las cosas positivas, recuerda celebrar tus logros y metas, y no pienses "no he logrado aún nada grande", no importa. Celebra cada paso que das, cada pequeño reto que vas logrando, celébralo, porque ése es el principio del éxito.

Te invito a que te hagas las siguientes preguntas, para que te des cuenta si te estás dando el permiso para expandir tu mundo o no.

1. ¿Cómo estás pensando, en grande o en pequeño?

2. ¿Qué has querido hacer desde hace tiempo y no te has atrevido por miedo? ¿Cuántas cosas de esas hay ahí? ¡Sácalas! Y empieza a hacerlas una por una.

3. ¿Estoy vibrando con la gente que está logrando cosas grandes a mi alrededor o me está dando envidia?

4. ¿Soy el tipo de persona que, si platican conmigo, la otra persona saca cosas positivas o sólo cosas negativas? ¿Cómo eres tú?

Descubre cómo diseñar tus metas para que sean emocionantes

Cuando mi cliente terminó de leer su meta, le pregunté: "en una escala del 1 al 10 ¿qué tan emocionado te sientes cuando lees tu meta?" Su respuesta fue: "estoy alrededor de un 8". Inmediatamente le dije: "entonces, ¿qué debes cambiar al escribir tu meta para que te emocione en un 10?"

¿Por qué es importante tener metas extremadamente emocionantes, que realmente te muevan y motiven? Porque recuerda que cuando ponemos una meta que sólo la tenemos en nuestra mente, no nos emocionamos y, ¿qué sucede al no emocionarnos con esa meta? No nos movemos para lograrla, no hacemos nada para actuar, no diseñamos planes de acción para llegar a los objetivos y las metas que nos proponemos. Esa es la razón por la cual, debes hacer tu meta extremadamente emocionante, que sea como un sueño, algo que realmente quieras lograr.

Por eso te quiero compartir estos cinco tips de cómo hacer que tus metas sean emocionantes

1. Ponle un número, hazla específica

Recuerda que las metas deben ser específicas, porque si solo escribes "quiero ser muy bueno en todo" o "quiero ganar mucho dinero", "quiero que me vaya muy bien en la vida", eso no es específico, hay que hacerla lo más específica

217

posible. ¿Para qué? Para que te des cuenta cuándo la vas a alcanzar, si no, nunca te darás cuenta cuándo la lograste.

2. Escríbela como si ya la hubieras logrado

Supongamos que es 31 de diciembre y escribes algo como "es 31 de diciembre y me siento muy feliz" o utilizas palabras muy emocionantes, palabras que realmente te muevan todo el cuerpo, todo tu ser. Escribe tu meta como si ya la hubieras logrando, como si ya estuvieras ahí, como si estuvieses viviendo ese momento de emoción, y así de emocionante quiero que la escribas.

3. Ponle premios para cuando las logres

"Cuando logre esta meta, me compraré el carro que quiero", o "cuando logre esta meta en ventas, me compraré la casa que quiero", o "cuando logre hacer crecer mi negocio a estos niveles, voy a tomar las vacaciones que quiero", etcétera. Pueden ser premios económicos o no, incluso puede ser algo que a ti te emocione mucho y que no necesites gastar dinero en eso, pero ponle premios para que te sientas mejor y motivado. Recuerda, enfócate en lo que quieres, no en lo que otros quieren, en lo que realmente te va a mover a ti, porque a veces tengo clientes que llegan buscando cumplir los sueños de alguien más, de algún familiar, ¡no! Quiero que cumplas tus sueños, lo que tú quieras lograr. Por añadidura se cumplirán los sueños de los demás, pero si no obtienes lo que quieres, no estarás lo suficientemente emocionado para seguir avanzando y lograr más metas.

4. Que sea muy retadora

Asegúrate de ello, debe ser muy retadora, por ejemplo, supongamos que este año en tu negocio vendiste 500 mil pesos y te pones como meta vender 550 mil pesos es emocionante, pero si te pones como meta vender un millón de pesos ¿cambia? ¡Seguro que sí! El simple hecho de pensar en vender el doble, cambia. Pon las metas lo más altas que puedas, pero, ojo, que sean realistas.

5. Que cuando la leas te emocione sobremanera

Que realmente sientas que estás ahí, que te sientas tan emocionando, que ya quieres que sea esa fecha, que te emocione cuando la leas, no cuando la vivas, ¡no! Que, si llega alguien más a leer tu meta, diga "¡WOW!", que otra persona también sienta mariposas, no sólo tú.

Escoge tres personas y logra tu meta

El ser humano se caracteriza por ser muy permisivo consigo mismo. De pronto te propones que la próxima semana vas a estar haciendo llamadas de ventas para aumentar el éxito de tu empresa, pero llega el lunes y lo dejas pasar, y así el resto de la semana, lo dejas de lado aún sabiendo que te va a producir mayores ingresos para tu negocio, te va a ayudar a crecer, a superarte.

Para solucionar esta situación, debemos encontrar a otras personas a quienes le compartamos nuestras metas y objetivos para comprometernos con ellos. Cuando hablas y dices lo que te estás proponiendo, hacer ya no te puedes echar para atrás. Es difícil que lo hagas porque te vas a sentir mal cuando le digas a la persona que no lo hiciste por flojera o cualquier otra excusa.

Busca gente que realmente aprecies, que sepas que te ayudará a impulsarte. No te comprometas con gente negativa, que te vaya a estar limitando o diciéndote que no puedes. Quiero que encuentres a personas positivas que realmente te inspiren, personas a las que no les quieras fallar, a quienes de verdad te importe no quedarles mal. Pueden ser tus hijos, tus padres, un amigo en quien confíes mucho y que sabes que te va a impulsar, o a lo mejor un compañero de trabajo, alguien a quien aprecies mucho y por quien harías todo para no quedarle mal.

De esa forma habrá un compromiso, no serás permisivo contigo mismo, ahora vas a tener que dar resultados. Las personas emprendedoras o dueños de negocios no tenemos que rendir cuentas a nadie, estamos solos, por eso siempre es importante tener a alguien más que nos esté viendo desde otra perspectiva, por eso te invito a que hagas tres cosas a partir de hoy.

1. Busca a por lo menos tres personas en quienes confíes

Sólo deben ser tres personas en las que confíes, a quienes aprecies y no les quieras fallar, a ellas les confesarás tus metas, objetivos y sueños. Coméntales tus metas tal cual como las quieres lograr para que establezcas un compromiso con ellas.

2. Pídeles a estas personas que te apoyen cada 15 días

El apoyo es para motivarte a seguir adelante. ¿Cómo lo harás? La idea es conectarte mediante una llamada, un café, Skype, conéctate con esa persona en una conversación de al menos 30 minutos para revisar tus retos y avances. En cada una de estas citas o llamadas le comentarás lo que harás en los próximos 15 días y te comprometerás a cumplir tus metas.

Pasados los 15 días vuelven a conversar para ver cómo te fue y plantear los siguientes pasos o retos. Si le dices a las personas tus planes y no les das un seguimiento cada 15 días, no sirve de nada, por eso es importante que te comprometas y que definan las fechas desde el principio.

Te vas a sorprender porque a la gente realmente le gusta ayudar, si vas con una persona que te quiere y te aprecia verás que te va a ayudar con todo gusto. Agenden esas llamadas o citas para que cada 15 días te ayude a comprometerte, superarte, retarte, porque ahora vas a tener a tres personas a quienes les tienes que decir las razones por las que no realizaste tus objetivos.

El compromiso es algo que nos engancha, es un escalón que nos ayuda a crecer y caminar hacia nuestras metas. Además, es una satisfacción enorme decirles a tus tres personas que lo lograste, se siente muy bien hacer eso. Yo quiero que lo hagas cada 15 días con estas personas que son importantes para ti y a quienes no les quieres fallar.

Hoy en día estamos perdiendo la creencia en nosotros mismos, estamos perdiendo los valores que nos inculcaron desde pequeños y es importante retomarlos, saber que podemos, que somos capaces de lograr lo que nos propongamos. Eso depende de ti. Apóyate de otras personas y cada 15 días cumple con esas metas que te propusiste y te comprometiste a cumplir.

Adminístrate y logra más

Cinco pasos para tomar acción ahora mismo

Hace algún tiempo estaba con uno de mis clientes, él se encontraba en una situación difícil porque no quería actuar. En lugar de incrementar sus ventas, en lugar de tomar decisiones, salir a vender y enfocarse en su crecimiento personal, estaba sin hacer nada. No actuaba. Llevaba varias sesiones de *coaching*, pero no hacía nada.

Entonces le hice algunas preguntas: "¿Hasta cuándo te vas a permitir estar cómo estás? ¿Cómo va a ser tu vida en cinco años si te quedas cómo estás? ¿Tienes claro cuál es el primer paso que debes dar? Si aún no tienes ese primer paso, defínelo en este momento. Si volvieras a ser niño y te vieras como estás, sin tomar decisiones ni acciones, ¿qué te dirías a ti mismo?".

Mis palabras lo hicieron moverse, en el último cuestionamiento me dijo: "No me hagas esa pregunta porque me haces sentir mal". Le expliqué que precisamente eso era lo que quería, que se sintiera mal para que se moviera y tomara acciones para lograr sus objetivos. Ya tenía definidas sus metas y objetivos, su futuro se vislumbraba muy emocionante, pero no actuaba, no hacía nada.

¿Cómo salir de ese estancamiento? A través de responder las siguientes cinco preguntas que te quiero enseñar, tomar acción a partir de ellas te ayudará a aumentar tu éxito, a ser mejor y a crecer en lo personal y en lo profesional.

1. ¿Hasta cuándo me voy a permitir estar como estoy?

Ponte una fecha. Cuando respondas esa pregunta ya vas a tener un inicio, un día, una fecha y una hora de cuándo vas a actuar. Lo que quiero es que actúes en este momento, a partir de hoy, que terminando de leer este apartado hagas algo, tomes una acción para avanzar hacia tus metas, tus objetivos, hacia tus sueños. De nada sirve tener un sueño, definir tus metas y ponerles fecha si no avanzas, si no tomas acción.

2. ¿Cómo va a ser mi vida en cinco años si no tomo acción hoy?

Seguramente no quieres que en cinco años tu vida sea negativa o siga tal como es ahora. Creo que lo que tú quieres es actuar, hacer algo y lograr metas durante los próximos cinco años. Metas, retos y objetivos. Imagínate esa vida. ¿Te gusta tu vida ahora? Adelante, sigue sin hacer nada. ¿No te gusta? Actúa.

3. Ten muy claro cuál es tu primer paso

Muchas veces estamos paralizados por eso, porque no lo hemos definido, no tenemos bien claro cuál es el primer paso que tenemos que dar hacia nuestras metas y objetivos. A veces no es por flojera o desidia, sino porque no hemos tomado decisiones, porque no hemos determinado cuál es nuestro primer paso, no hemos investigado qué es lo primero que tenemos que hacer de acuerdo con nuestras metas y objetivos.

4. Si aún no tienes tu primer paso, defínelo en este momento

Este es el momento preciso para que definas tu primer paso para actuar. Si ya lo tienes definido excelente, las cosas no se te dificultarán en este paso. Pero si aún no lo tienes definido, este es el momento de actuar, no mañana, no la próxima semana, hazlo hoy. ¿Cuál es tu primer paso? Defínelo correctamente.

5. Si volvieras a ser niño y te vieras como estás en este momento, sin tomar acciones, sin moverte, sin luchar por tus metas, objetivos y sueños, ¿qué te dirías a ti mismo?

¿Te gusta lo que te dices?

Quiero que estos cinco pasos te ayuden a tomar acciones hoy mismo, ¿para qué esperar más tiempo si hoy puedes dar tu primer paso? Todo depende de ti, la decisión siempre es tuya. Yo simplemente estoy aquí para plantearte una situación, tú la tomas y haces con ella lo que quieras. Puedes terminar la lectura y seguir haciendo nada (si eres de las personas que no está haciendo nada) o tomar acción, dar tu primer paso, hacerte estas preguntas y avanzar hacia tus sueños y metas.

Deseo que esta lectura te ayude a aumentar tu éxito y que ayudes a más personas. Proyectemos juntos estas acciones hacia más gente. Ayudemos a los demás con estos *tips*, haciéndolos primero tú mismo puedes convertirte en un mejor líder. Apoya a más personas a tu alrededor para que juntos aumentemos día a día nuestro éxito.

Te repito los cinco pasos para tomar acción ahora mismo:

Paso 1: Pregúntate: ¿Hasta cuándo me voy a permitir estar como estoy?

Paso 2: ¿Cómo va a ser mi vida en cinco años si hoy no tomo acción?

Paso 3: Ten muy claro cuál es tu primer paso

Paso 4: Si aún no tienes tu primer paso, defínelo en este momento

Paso 5: Si volvieras a ser niño y te vieras como estás en este momento, sin tomar acciones, ¿qué te dirías a ti mismo?

Pregúntate para qué, antes de preguntarte cómo

Los grandes empresarios, dueños de negocios y grandes líderes se hacen la pregunta: "¿Para qué quiero hacer eso?" Un gran ingeniero que quiere construir un puente puede comenzar pensando para qué quiere construirlo, dónde lo construirá, cuál es la razón para construir dicho puente, pero cualquier ingeniero puede hacer las métricas para construir ese puente sin preguntarse nada.

¿Para qué quieres hacer crecer tu negocio? ¿Para qué quieres vender más? ¿Para qué quieres construir ese puente? ¿Para qué quieres construir esa planta? ¿Para qué quieres adquirir esos inmuebles? ¿Para qué quieres lograr tus metas u objetivos? Antes de preguntarte cómo las vas a lograr, primero pregúntate: ¿Para qué?

Te invito a que seas de esas personas que se preguntan "¿para qué lo quiero?" Después vendrán los cómos, recuerda que si te enfocas primero en cómo lo vas a hacer ya comienzas a perder, propicia inseguridad porque en ese momento no sabes cómo lo vas a hacer.

"¿Cómo logro vender diez veces más este año?" Si te preguntas eso vas a bloquearte, paralizarte y dejarás de pensar en grande porque según tú será muy difícil. Por eso es importante ver primero el "qué quiero" y el "para qué lo quiero".

1. El "para qué" te da una razón

Esa razón es la que te va a mover rumbo a tus metas y sueños, que te llevará a eso, a construir u obtener lo que deseas. La razón es la que te va a mover, el propósito, la pasión. ¿Y qué te lo da? El "para qué". "¿Para qué quiero hacer crecer mi negocio? ¿Simplemente por hacerlo o porque quiero darle lo mejor a mis hijos, satisfacción personal, comprarme una casa nueva, ayudar a más personas?" Debes responder para qué estás haciendo lo que estás haciendo. Esa es la primera pregunta que te debes hacer.

2. El "para qué" te da un rumbo

¿Hacia dónde voy? ¿Adónde quiero llegar? Si no sabes esto, los "cómos" harán que comiences a hacer las cosas sin un rumbo, sin un destino para llegar. Ese rumbo es la mirada fija para llegar a los objetivos que te has trazado.

3. Decir "¿para qué?" no te dará miedo

Proponerte objetivos y decirlos en voz alta no da miedo, el miedo entra cuando te preguntas cómo lo vas a hacer. Entonces volvemos a lo mismo, si comienzas a pensar en cómo harás para lograr esos objetivos te llenarás de miedo e inseguridades, pensarás que es muy difícil y por ende esa meta tan grande que te propusiste disminuirá de magnitud o simplemente desaparecerá. Yo no quiero que eso suceda, lo que quiero es que te enfoques en lo que quieres y para qué lo quieres, que te dé esa razón y listo. Tu miedo se irá y tú sólo verás lo que quieres y para qué lo quieres. Luego te encargarás de resolver los "cómos".

4. El "para qué" abre tu mente a nuevas posibilidades

Sencillo, cuando comienzas a ver el "para qué" de las cosas empiezan a surgir nuevas posibilidades, nuevas oportunidades, innovaciones, es el momento en que creamos. Cuando te preguntas "¿para qué lo quiero?, ¿para qué lo voy a hacer?, ¿para qué…?", te respondes muchas preguntas que te ayudarán a saber la razón, eliminar el miedo y a aumentar las posibilidades y las formas de lo que puedas hacer.

Ahora que ya tienes el rumbo, la razón y eliminaste el miedo, tienes las posibilidades.

5. ¿Cómo lo voy a lograr?

En este punto comienzas a diseñar estrategias, oportunidades, posibilidades, probabilidades, métricas, todo lo necesario para lograr tus metas.

Antes de que Roger Bannister corriera una milla en menos de cuatro minutos, nadie lo había logrado, ese mismo mes hubo otras cuatro o cinco personas que también lo lograron. Antes las personas se enfocaban en cómo lo iban a hacer, luego que alguien lo logró los demás también lo lograron porque eliminaron ese miedo. Eso es lo mismo que te pido a ti, no te enfrasques en ese miedo constante de no saber cómo lo vas a hacer. Primero pregúntate "para qué", ya luego vendrán los "cómos".

Transforma tus sueños en metas

¿Cómo vas con tus metas, cómo vas con tus objetivos, cómo vas con esos propósitos que te hiciste en año nuevo? ¿Eres de quienes todavía siguen con la mente bien enfocada en sus metas, en sus objetivos? ¿O eres de quienes ya los dejaron atrás, los olvidaron en el camino y no han hecho nada para seguir creciendo?

Éste es muy buen momento para retomar esos propósitos y objetivos, que quizá ya tienes bien definidos pero que no los has logrado porque todavía son sueños. Hay que convertir esos sueños en metas, y sí, sí son diferentes. Aquí te mostraré cómo convertir tus sueños en metas en cinco pasos.

El primero de estos cinco pasos es el más importante de todos, porque gracias a él ese sueño se va a convertir inmediatamente en una meta y, no solamente eso, va a generar que vengan los siguientes pasos y que tú logres concretar ese sueño.

Hay que aclarar que existe una diferencia muy grande entre un sueño y una meta. Porque sí, efectivamente los sueños son distintos que las metas, los sueños son un deseo, algo que quisiéramos lograr, algo que está en nuestra mente y que lo tenemos ahí guardado como si en algún momento lo fuéramos a utilizar, pero con estos cinco pasos tú vas a poder convertir todos tus sueños en metas.

¿Cómo lo vamos a hacer? ¿Has escuchado alguna vez la famosa frase que dice: "cuando le pones fecha se llega"?

Seguramente sí la has escuchado porque en mis conferencias, cuando hago esta pregunta, la mayoría de las personas levantan la mano, entonces, cuando le pones fecha se llega.

Recuerdo perfectamente a un tío hace más o menos once años. Yo estaba por casarme y él me dijo: "oye, ya le pusiste fecha ¿verdad?", le dije que sí, y agregó "cuando le pones fecha se llega". No sé por qué esa frase se me quedó bien grabada en la mente y cada vez que aprendo más sobre las metas, sobre los objetivos, sobre lo que queremos lograr y la diferencia entre los sueños y las metas, me viene esa frase a la mente.

Luego fui descubriendo que no es una frase que solamente me la dijeron a mí y que yo me la aprendí, sino que es una frase que mucha gente repite y que yo nunca había tomado en cuenta.

Efectivamente, cuando tú le pones fecha a algo, a lo que sea, ese algo se llega tarde o temprano, el primer paso para convertir un sueño en una meta es precisamente ese: ponerle una fecha.

1. Ponle fecha

¿Cuándo lo vas a lograr? ¿En tres meses, seis meses, en un año, en dos años, en diez años, en cinco años? ¿Cuándo lo vas a lograr? ¡Ponle una fecha!

Puede ser cualquiera de tus sueños, puede ser el sueño de tener tu propio negocio o, si ya lo tienes, de lograr cierta cantidad de ventas o de ingresos, o tener la casa o el carro que siempre has querido o formar una familia.

Cualquiera que sea tu sueño, vamos a convertirlo en una meta y hay que ponerle fecha.

No tengas miedo, el primer paso es ponerle fecha. ¿Qué nos pasa? ¿Por qué se quedan los sueños como se quedan? Muchas veces los dejamos guardados precisamente por eso, por el miedo de ponerle una fecha, por la inseguridad de decir "es que es un sueño y se ve muy difícil". Ojo, escribí "se ve" porque nada es muy difícil, todo es posible, claro, posiblemente en el camino te encuentres con retos, con obstáculos, pero tú puedes lograrlo, de eso no hay duda, todo se puede lograr.

Habrá retos y complicaciones, pero si tú lo ves difícil, seguramente no le vas a poner fecha. Ése es el primer paso para convertir tus sueños en metas y, por consiguiente, es el primer paso para lograr tus sueños.

"Pero es que una casa nueva, grande, así como yo la quiero, para qué le pongo fecha si se ve muy triste la situación ahorita", suele decir la gente. No importa, hay que ponerle fecha, no tiene que ser en tres meses, no tiene que ser en seis meses, la puedes poner a cinco años, a diez años. Lo que tú creas conveniente, pero ponle fecha porque si no lo haces no vas a avanzar, no va a llegar nunca el día, y no esperes que algo a lo que no le pones fecha se llegue, no lo esperes, hay que actuar para lograr todo lo que queremos.

El primer paso es definir cuándo vas a lograr esa meta, cuándo vas a lograr ese sueño y automáticamente lo estás convirtiendo en una meta, con el simple hecho de ponerle fecha. Ponle fecha hoy mismo.

Si estás en tu casa o en tu oficina, donde estés, ponle fecha hoy, terminando de leer el presente texto. No dudes en ponerle una fecha, no importa que no hayas definido un plan, eso lo veremos en los siguientes pasos. Pero lo primero es decir "bien, ya está, le voy a poner fecha, perfecto, quiero lograr este objetivo, le voy a poner la fecha del 31 de agosto de 2017". Muy bien, el 31 de agosto de 2017 ya quedó marcado en tu calendario, ya quedó marcado en tu mente y ahora hay que ir hacia el segundo paso.

2. Define cómo te darás cuenta de que ya lograste ese sueño

Muchas veces decimos "quiero ser una persona muy feliz" o "quiero ser muy exitoso". Pero si no sabes exactamente cómo es eso, ¿cómo te darás cuenta de que ya lo lograste? No vas a poder saber si tu sueño lo hiciste realidad o no. "Pues sí, ya soy más feliz", perfecto, pero ¿eres tan feliz como querías? No sabes.

"Oye, soy muy exitoso", pues sí, ¿en qué eres exitoso? ¿Cómo te diste cuenta de que ya eres exitoso? Puede darse el caso en que eres mejor que antes, pero no has logrado lo que quieres. Entonces define exactamente cómo te vas a dar cuenta que ya lograste lo que te propusiste.

Te voy a contar una historia que posiblemente me hayas escuchado anteriormente. En cierta ocasión, uno de mis clientes me dijo: "Mi meta es ser bien fregón", yo le respondí "perfecto, muy bien, ¿y cómo te vas a dar cuenta que ya eres bien fregón? ¿Qué significa ser bien fregón?". A esto me respondió: "Pues, tienes toda la razón", pensó un poco y agregó: "cuando logre esto, esto y esto, ya voy a ser bien fregón". En ese momento hizo la meta más específica y ya sabíamos cuándo se iba a dar cuenta que era bien fregón o si todavía no lo había logrado.

Entonces, ¿cómo te vas a dar cuenta que ya lograste tu meta? Es muy sencillo, ¿es la casa de tus sueños? Cuando la compres, habrás logrado la meta. En ese caso es muy sencillo identificar que ya lograste tu meta, pero hay muchas otras situaciones. Supongamos el caso en el que una persona quiere lograr su peso ideal. ¿Cómo se dará cuenta esa persona que ya lo logró? Cuando llegue a tu peso ideal.

O en otro ejemplo, una persona que le gusta mucho de correr, su objetivo es correr más, ¿si hoy corre un kilómetro, mañana correrá dos más, ya logró su meta? No. ¿Cómo se dará cuenta que ya logró su sueño? Quizá corriendo un maratón, el día que corra un maratón sabrá que ya logró su sueño.

Por último, no hay que ser ambiguos a lo hora de plantear un sueño o una meta, hay que hacerla específica y saber exactamente cuándo la vamos a lograr.

3. Define un plan de acción

¿Qué harás? Es mejor que empieces de adelante hacia atrás, de lo que has logrado y que veas lo que fuiste haciendo en el camino. Mirarás hacia atrás para ver qué necesitas hacer día a día, semana con semana, mes con mes para llegar a tu objetivo.

Podrás establecerte: "Quiero mi casa ideal". Perfecto, pregúntate cuánto necesitas, una vez que sepas la cantidad pregúntate qué necesitas hacer para ganar esa cantidad. Y con base en ello, diseña un plan de acción, establece cuántas ventas tienes que realizar, qué necesitas hacer para que tu negocio crezca, si requieres reducir gastos, costos, etcétera. ¿Qué necesitas hacer para lograrlo?

Entonces, el punto número tres es definir un plan de acción, cómo vas a actuar, cómo vas a llegar hacia ese objetivo. Podrás decir: "Quiero vender un millón de dólares este año, es mi sueño, nunca he vendido un millón de dólares y siempre he querido venderlo", perfecto ¿qué vas a hacer? ¿A cuántas personas vas a visitar por semana? ¿A cuántas personas les vas a hablar? Todo eso lo debes definir en un plan de acción.

4. Crea tu mapa del éxito

¿Has escuchado alguna vez sobre el mapa del éxito? Este es el momento de utilizarlo. Si no lo has leído, te explico en qué consiste, yo lo recomiendo ampliamente, es muy interesante.

El mapa del tesoro o el mapa del éxito es básicamente un *collage* con fotografías de cómo te quieres ver en el futuro en todos los ámbitos de tu vida, en lo personal, en lo profesional, en lo espiritual, en la familia, todas las áreas de tu vida, las más importantes ¿cómo te quieres ver en un futuro?

Puede ser que lo diseñes a un año, puede ser que lo diseñes a cinco años, a diez años, como tú lo decidas, lo principal es que lo veas todos los días. Lo puedes hacer en una cartulina o en tu iPad o tablet que tenga una aplicación para hacer collages, pero donde lo veas todos los días.

Mi mapa del tesoro o mapa del éxito lo tengo conmigo, frente a mi escritorio, lo veo todos los días. No sólo tengo uno en mi oficina, sino que tengo otro en mi casa, lo coloqué en el clóset en el sitio donde me pongo el reloj y la loción, así todos los días veo mi mapa del éxito. ¿Por qué? Porque deseo enfocar mi mente en lo que quiero obtener y que mi mente constantemente lo esté viendo, día a día estoy enfocado en ese objetivo y esas metas, así no olvido porque lo estoy viendo. Lo recuerdo y lo recuerdo. Esto realmente funciona.

5. Da tu primer paso

Ahora sí, actúa, da el primer paso, acuérdate que para subir una escalera de mil escalones tendrás que empezar por el primero.

Da un primer paso hacia esa meta, porque ya la convertiste en meta, ya no es un sueño, ya dejó de ser un sueño, ya lo bajaste de las nubes a la tierra. Es como si tu sueño lo tuvieras en una plataforma, una especie de nube virtual en la computadora, oprimes el botoncito y la bajas a tu computadora o a tu teléfono, es lo mismo, ya está aterrizada, es una meta y no un sueño.

Da tu primer paso, ¿cuál es la primera acción que debes tomar para subir un escalón hacia tu meta final? Ese primer paso lo encontrarás en tu plan de acción, que es el que expliqué en el paso número tres.

Los grandes líderes y empresarios siempre empezaron con el primer paso, no se saltaron hasta llegar a los mil pasos, empezaron con el primer paso para lograr todo lo que tienen en su vida. Haz lo mismo tú, da tu primer paso.

Repasemos los cinco pasos para convertir tus sueños en metas:

Paso 1: Ponle fecha hoy mismo, ¿cuándo vas a lograr ese sueño? Automáticamente lo estás convirtiendo en una meta.

Paso 2: Define cómo te darás cuenta de que ya lo lograste

Paso 3: Define un plan de acción

Paso 4: Crea tu mapa del éxito

Paso 5: Da tu primer paso

¿Qué es lo primero que debes hacer? Tú decides si conviertes tus sueños en metas o los dejas como están allá en la nube para que no lleguen nunca. Yo te invito a que le pongas fecha, a que hagas que esos sueños se vuelvan realidad, que tú los vuelvas realidad y a actuar para que logres lo que quieres.

Recuerda que la seguridad en uno mismo, la pasión por lo que quieres y la acción son básicas para lograr nuestros sueños y nuestras metas.

Espero que esto te ayude a convertir tus sueños en metas y si tienes muchos sueños, no te preocupes, empieza por el primero, por el que es más importante para ti, empieza por ese y ve paso a paso a lograr más sueños y más metas.

Trabajar mucho o trabajar inteligentemente

Muchos de mis clientes me han dicho: "Ricardo, trabajo durísimo y no se me dan las cosas". ¿Cuántas veces he escuchado eso? La pregunta que yo les hago básicamente es: "¿Estás trabajando mucho de forma inteligente o estás trabajando por trabajar?". Lo importante es que trabajes de forma inteligente, no tiene nada que ver el trabajar mucho con ganar mucho dinero. No digo tampoco que seas un flojo, sólo debes ser inteligente. Si por trabajar mucho ganáramos mucho dinero, quizás las personas más humildes que trabajan todo el día tuvieran muchísimo más dinero que las personas que son dueños de negocios o empresarios de multinacionales. Sin embargo, lo que nos hace productivos es trabajar de forma inteligente.

Hoy te quiero darte estos cinco tips que sé que te van a ayudar a trabajar de una manera distinta:

1. Enfócate en el 80/20 de tus actividades

La famosa regla del 80/20 que la utilizamos para muchas cosas. Hoy quiero que la utilices para trabajar en el 20 % de las actividades que te van a producir el 80 % de los resultados positivos. Si tienes diez actividades que debes hacer durante el día, enfócate en hacer primero las dos más importantes, las dos que te van a representar mayor beneficio para tu negocio, en las que vas a avanzar y a ser más productivo.

No digo que no hagas las otras ocho, pero enfócate primero en hacer las dos más importantes, el 20 %. Te aseguro que si día a día te enfocas en hacer ese 20 % de tus actividades más productivas te vas a volver automáticamente más productivo y vas a estar trabajando de forma inteligente, porque en el día a día a veces hacemos muchísimas cosas, pero si miras posiblemente te des cuenta de que no fuiste productivo.

A veces quizás has estado haciendo muchas cosas que no te generan resultados positivos para tus ventas. Entiendo perfectamente que hay actividades que son necesarias de hacer, pero recuerda que debes enfocarte en las actividades importantes que a lo mejor no son urgentes, pero son importantes y esas son las que te van a llevar al éxito.

En una ocasión estaba con un buen amigo y me preguntó cómo hago para hacer tantas cosas. Realmente lo que hago es enfocarme en ese 20 % que me va a dar mejores resultados. También hay días en los que hago actividades que no son tan productivas, y al final de esa semana que no hago cosas productivas me doy cuenta de que no avancé rumbo a mis metas, mis objetivos, rumbo a mis sueños. Te aseguro que tú puedes sentir lo mismo cuando te enfocas en actividades que no te van a dar tan buenos resultados.

A lo mejor trabajamos en esas ocho actividades que son importantes pero que te producen el 20 % de los resultados, entonces vas a avanzar un 20 % cada día, pero estás trabajando 80 % más. Enfócate en ese 20 % que te va a producir el 80 % de los resultados positivos, sea lo que sea que hagas en tu negocio.

2. Dedica el 80 % de tu tiempo a vender o a actividades productivas

Quizás te preguntes cómo lo harás si tienes otras tantas cosas por hacer. Pues busca la forma de apoyarte en alguien que lleve esas actividades que no te producen. Si tú eres el motor de tu negocio, debes de enfocarte en las ventas.

Posiblemente no tengas dinero para pagarle a alguien más porque el 80 % de tu tiempo no lo estás utilizando para vender, en ser productivo, en generar ingresos. Claro, por eso no tienes dinero para pagarle a alguien más. Y no digo que no sea difícil, por supuesto que te va a costar trabajo, por supuesto que es un reto, pero enfócate en las actividades que te generen ingresos.

3. Piensa más en lo que quieres de manera positiva

Recuerda que nuestro pensamiento positivo atrae cosas positivas, si estás constantemente enfocado en trabajar sin parar para conseguir algo, entonces tu mente estará enfocada en trabajar y no en conseguir algo. Mejor enfócate en conseguir algo y diseña las estrategias específicas para llegar hacia allá.

Quizás te lleve algo de tiempo encontrar las estrategias adecuadas pero lo importante es que siempre estés buscando, tratando e intentando encontrar esas estrategias. Te puede llevar una semana, meses o años, pero necesitas enfocarte en esas estrategias y pensar positivo.

Acuérdate, la ley de la atracción existe, si pensamos positivamente en lo que queremos obtener lo vamos a conseguir más rápido que pensando en trabajar sin parar. Muchas veces nos preguntamos: ¿Qué es más importante visualizar mi meta o tomar acción? Yo te digo que las dos son muy importantes, pero también te digo que puedes actuar y estar trabajando sin parar pero sin rumbo alguno, si no tienes esa visualización de lo que quieres ¿qué es lo que vas a lograr?

También puedes estar llevando tu negocio al día a día, pero si tienes la visión clara de lo que quieres, lo atraes; si todos los días piensas desde muy temprano que te levantes en tus metas y objetivos, lo atraes. Lo atraes porque tu mente estará pensando en eso, en metas, soluciones, en estrategias para llegar a ese objetivo. Recuerda que la mente es muy poderosa y en lo que la quieras enfocar, se enfoca.

4. Quítate las creencias de que es necesario trabajar mucho para que te vaya bien

Si así fuese entonces las personas más humildes en este mundo que caminan kilómetros llevando agua, madera, cualquier cosa, quizás esas personas fuesen las más ricas del mundo en cuestión económica y no es así. Hay que trabajar de forma inteligente y quitarnos la creencia de que solamente es trabajar mucho, hay que tener un rumbo bien específico, saber lo que queremos, saber hacia dónde vamos, saber cómo vamos a obtener dinero.

5. Apóyate de gente experta en cada una de sus áreas

Si no tienes dinero para contratar a alguien, subcontrata a alguien pero busca a alguien experto en cada una de las áreas, no quieras hacer tú la contabilidad, las ventas, el *marketing*, cualquier estrategia, cualquier actividad, enfócate y apóyate en alguien experto.

A veces queremos hacer sistemas, a mí me ha sucedido, quería hacer un sistema para apoyar a la gente, pero no tenía ni idea de cómo hacerlo y tuve que enfocarme en encontrar a alguien que supiera para ayudarme a hacer todo eso. No quieras hacer todo tú, apóyate de gente experta en cada una de sus áreas.

Te recuerdo los cinco puntos que te harán trabajar inteligentemente:

Punto 1: Enfócate en el 80/20

Punto 2: Dedica el 80 % de tu tiempo a vender o a actividades productivas

Punto 3: Piensa más en lo que quieres de manera positiva

Punto 4: Quítate las creencias de que es necesario trabajar mucho para que te vaya bien

Punto 5: Apóyate de gente experta en cada una de sus áreas

Recuerda que trabajar de forma más inteligente para que puedas balancear tu vida entre lo personal y lo profesional, tu vida familiar es importante. Para todo en la vida debemos tener un balance.

Burbujas de tiempo

Durante el día hacemos actividades, éstas pueden ser productivas o no. Algunas actividades no te van a producir ingresos o generar más ventas, no van a hacer que tu negocio crezca o que seas mejor en lo que haces. Sin embargo, los momentos en los que hacemos actividades realmente productivas son momentos en los que debemos concentrarnos al 100 % para lograr todo lo que nos propongamos.

Si hablamos de burbujas, ¿qué tipo de burbuja te imaginas tú? Quizás sea una de esas burbujas que dan en las fiestas de niños, que cuando soplas al círculo con jabón salen varias burbujas. Imagínate que estas dentro de una de esas burbujas, ¿qué crees que se sentiría? Creo que lo que yo sentiría estando dentro de una de esas burbujas sería tranquilidad, paz, no habría nada de ruido ni distracciones, estaría conmigo mismo, con pensamientos, ideas y podría hacer con enfoque lo que quiero. Así es como creo yo que me sentiría.

Usemos esta metáfora para construir en nuestra rutina diaria burbujas de tiempo que nos harán más productivos, con ellas tendremos más actividades productivas que gencrarán resultados extraordinarios, ya sea mayores ventas o más ingresos, mayor productividad. Quiero que utilices las burbujas en tu rutina diaria para que realmente te enfoques y hagas las cosas importantes y productivas para tu negocio y tu vida, todo esto de forma enfocada y con una mentalidad directamente relacionada con tus actividades. Mi objetivo con este texto es que tu mente no esté divagando con otros pensamientos, ideas o interrupciones.

Las burbujas son bloques de tiempo en los que te enfocas en sacar algo adelante. Supongamos que tienes que hacer llamadas para vender tus productos o servicios. Dentro de estas llamadas, que son muy importantes porque van a producir más ingresos para tu empresa o negocio, debes de enfocarte perfectamente y definir estas burbujas de tiempo en tu día.

Por ejemplo, pensemos que que para ti es importante hacer una presentación, para estar tranquilo debes definir de qué hora a qué hora vas a trabajar en esa presentación; probablemente esa presentación sea para un cliente o para un inversionista. Define de qué hora a qué hora vas a trabajar para realizar esa presentación. Una vez que lo hayas definido sabrás en qué horario te vas a enfocar al 100 % para trabajar en esa actividad.

Toma tu calendario o agenda electrónica o física, vas a bloquear ese espacio de tiempo, vas a poner una burbuja de tiempo en esa área. Supongamos que de 10 a 12 de la mañana vas a hacer tu presentación. Lo que harás en ese tiempo es enfocarte, sólo harás actividades para esa presentación, busca la forma de evitar distracciones de otras personas o que te llamen. Apaga o esconde tu teléfono en ese momento, no revises correos, asegúrate de que las personas no lleguen a tu oficina a tocar o a pedirte alguna información, a comentarte algún pendiente. Ese espacio es para ti, es un espacio protegido por esta burbuja para que realmente seas productivo.

Recuerda, el poder del enfoque es sumamente importante, cuando nos enfocamos en algo para hacerlo realmente bien es necesario concentrarnos, si no estamos concentrados, sino que estamos viendo el correo, la computadora, el teléfono, los mensajitos, revisando si te llamó alguien, sucede que tu mente no está enfocada y no estás concentrado al 100 %. Tu presentación no va a salir tal como quieres. Si es una presentación para un cliente no vas a salir bien con tus ventas, si es una presentación para un inversionista pues no vas a conseguir nuevos inversionistas, si es una presentación para un proyecto nuevo obviamente no vas a conseguir el proyecto.

La burbuja de tiempo es precisamente para te enfoques en lo que sí quieres lograr, para que te enfoques en sacar el mayor provecho de ese tiempo, de ese momento y lo materialices con ideas, nuevas formas de hacer las cosas.

Las burbujas de tiempo sirven básicamente para concentrarte, es tan sencillo como cuando tienes una cita con un cliente o tienes una junta, ¿qué haces? La agendas en tu calendario, la marcas y la identificas. Ese espacio ya está reservado ¿de acuerdo? No puede pasar nada ahí porque ya tienes esa cita o esa reunión, en ese momento y ese horario. Ya nada va a llegar a moverlo, a menos que sea algo urgente, algo grave, pero ya lo tienes ahí, ¿y qué sucede? Terminas yendo a la junta, a la cita, a la reunión. Este tipo de ejercicio no lo hacemos con las actividades que debemos hacer para nuestra productividad, como bien decía: una presentación, tus momentos para hacer llamadas, tu momento para diseñar una propuesta, en los momentos importantes no lo hacemos para nosotros.

En mi trabajo realizo presentaciones para empresas cuando imparto alguna conferencia motivacional o inspiracional. Antes, cuando no utilizaba las burbujas de tiempo, pasaba todo el día con la mente preocupada porque tenía que hacer esa presentación esa semana. Todo el día estaba con la preocupación, había una vocecita dentro de mí recordándome que no había hecho la presentación, todo el día estaba con esa situación. Me sentía muy incómodo y estaba estresado toda la semana porque tenía que hacer una presentación.

¿Qué cambié? Pues comencé a utilizar burbujas de tiempo y ahora sí me resulta todo. Digo "esta semana, el jueves de cuatro a seis de la tarde voy a diseñar la presentación", la agendo en mi calendario como un evento importante y automáticamente elimino mi preocupación por esa presentación. El lunes no tengo esa vocecita en la cabeza llenándome de preocupaciones, porque ya sé que el jueves de cuatro a seis de la tarde me voy a enfocar 100 % en hacer esa presentación. Elimino de mi mente automáticamente el estrés y la ansiedad que me producía el no haber hecho la presentación.

Sucede lo mismo con cualquier cosa que haces en tu trabajo, en rutina diaria y en tu vida. Haz burbujas de tiempo para hacer cosas productivas de tu negocio o burbujas de tiempo incluso para estar con tu familia, para realmente aprovechar el tiempo y estar con tus seres queridos.

¿Para qué vas a utilizar las burbujas de tiempo? Para enfocarte. Te ayudan a sentirte más claro con lo que vas a hacer y lo que te estás proponiendo, con lo que estás haciendo, con las llamadas o la actividad en la que necesites concentración. Utiliza esta técnica para todas las actividades productivas, llena tu calendario con burbujas de tiempo, porque si lo haces, quiere decir que tienes actividades productivas que harán crecer tu negocio y mejorarán tu productividad diaria.

Utiliza las burbujas de tiempo, aprovecha el beneficio que te da el estar enfocado porque está comprobado que nuestra mente no es capaz de utilizar el famoso *multitasking*, no es verdad que la mente puede estar en dos partes al mismo tiempo. Lo que sí puede es cambiar de uno a otro, sin embargo, eso puede afectar en el buen resultado de la actividad que estás haciendo.

Imagínate que estás haciendo una actividad productiva, llega tu asistente o algún compañero a interrumpirte para preguntarte algo y piensas "no importa, son sólo dos minutos que me va a preguntar algo". No es cierto que son sólo dos minutos. Primero el tiempo que tarda mientras saluda, luego los dos minutos mientras te pregunta y tú le respondes. Luego se va, tardas de uno a dos minutos más tratando de recordar dónde te habías quedado antes de la interrupción. Luego te levantas, vas al baño o por un café y te das cuenta de que ya no son dos minutos los que perdiste, sino 10. Entonces no estás siendo lo productivo que podrías ser para lograr esa actividad de la mejor forma.

Las burbujas de tiempo las puedes utilizar en cualquier actividad productiva de tu negocio, debes hacerlas para todo lo que te produzca resultados a ti y a tu negocio. Utilizar el calendario es muy sencillo, además bloquea ese espacio como si tuvieras una cita o una reunión con alguien, pero es una cita contigo mismo.

Las burbujas de tiempo son importantes porque las personas no somos capaces de hacer varias cosas a la vez, si utilizas esta herramienta, serás mucho más productivo porque vas a avanzar en las actividades importantes de tu día.

Te reto a que durante los próximos quince días utilices la estrategia de las burbujas de tiempo en tu vida diaria, negocio o actividad de ventas, comprobarás que serás más eficiente y efectivo en las actividades productivas que generarán más resultados en tu empresa o negocio.

Nueve tips para ser más productivo

La diferencia entre "no tengo dinero" y "no tengo tiempo" es que si te lo propones podrás conseguir más dinero, sin embargo, es imposible conseguir más tiempo. El dinero vuelve, pero el tiempo nunca volverá. He aquí la importancia del tiempo, pues luego de gastarlo no habrá manera de recuperarlo.

Seguramente habrás escuchado en el pasado sobre la administración del tiempo y la importancia de ser eficiente cada segundo del día; no se trata de que utilices las 24 horas del día trabajando, al contrario, se trata de aprovecharlas para que disfrutes de lo que más te gusta.

Cada segundo que pasa estás utilizando energía, ésta la puedes aprovechar o desperdiciar, todo depende de ti. Solamente tú tienes el control. Tú sabrás si en el trabajo pierdes el tiempo en las redes sociales o lo utilizas para hacer lo que te genera mayores ingresos o mejores resultados para después poder disfrutar sin remordimientos.

Sabiendo de la importancia del tiempo en nuestras vidas, te ofrezco estos nueve tips para que seas más efectivo durante el día y así puedas alcanzar tus objetivos y metas.

1. Evita distracciones

Cuando hagas algo que requiera de toda tu atención evita las distracciones ¿Cuáles son esas distracciones? El celular, las redes sociales, el correo, ciertos compañeros de trabajo, mensajes... Varios de estos puntos representan actualmente algunas de las principales distracciones. Si las evitas, podrás concentrarte mejor.

Cuando estés haciendo algo importante enfócate, si es algo que te va a producir más ingresos o te va a acercar a tu meta, no desperdicies ese tiempo.

2. Al final de cada jornada, define las actividades más importantes que debas realizar al día siguiente

Escribe estas actividades en una libreta y según su importancia ponles prioridad. Utiliza el método del a, b, c, d y e; y defínelas de la siguiente manera:

a) Es necesario, si no habrá consecuencias.

b) Debería hacerlo, o podría tener consecuencias.

c) Sería bueno hacerlo, aunque si no lo hago no habrá consecuencias.

d) Delegar. Delega a otras personas las actividades que puedan hacer y que no te generan mayores ingresos o mejores resultados.

e) Eliminar. Elimina las actividades que no te van a generar nada productivo.

Con el a, b, c, d y e, organizarás y priorizarás de la mejor manera tus actividades del día siguiente.

3. Utiliza y enfócate en la famosa regla del 80/20

Haz el 20 % de las actividades que te generarán el 80 % de los buenos resultados. Si en tu lista tienes actividades, si logras las dos más importantes estás avanzando. Con esto no quiero decir que no hagas las otras ocho, simplemente enfócate en hacer primero las dos más importantes porque con esto comenzarás a avanzar hacia tu meta.

4. Trabaja sobre lo que menos te gusta al principio

De esta forma tendrás la mente libre de pendientes incómodos. No pierdas el tiempo en hacer cosas irrelevantes para darle la vuelta a lo que realmente importa. Brian Tracy habla mucho sobre esto en su libro *Trágate ese sapo*, si tienes algo importante que hacer y no lo haces, tu mente te dirá todo el día "lo tienes que hacer", entonces haz primero lo que menos te gusta y que es muy importante.

5. Evita revisar tus correos apenas llegues al trabajo por las mañanas

Revisar tu correo es revisar las agendas de otros. Mejor enfócate en tu lista de actividades importantes y define un horario para cada una de esas actividades. Si no estarás resolviendo los pendientes de otras personas, en vez de resolver los tuyos.

6. Define dos bloques de tiempo durante el día para revisar y responder tus correos

Revisar constantemente los correos es uno de los principales distractores y nos hace perder mucho tiempo. Avisa a las personas cercanas a ti que te llamen sólo si se trata de algo urgente, de lo contrario pídeles que te envíen un correo y lo resolverás en el horario que has establecido para ello. Recuerda, dos bloques de tiempo, tú defínelos como mejor te convengan.

7. Define tus metas y tenlas presentes para que todo lo que hagas vaya dirigido a esos objetivos

Recuerda que las metas deben ser específicas, medibles y logrables para poder avanzar con constancia. Establece muy bien tus metas.

8. Maneja bloques de tiempo para cada actividad en tu calendario

De esta forma podrás manejar mejor tu día y lograrás concretar las actividades más importantes. Si tienes llamadas que hacer para vender, establece un bloque de tiempo para ello. Si tienes que hablar con una persona importante para firmar algún contrato, define un bloque de tiempo para ello. Siempre define bloques de tiempo para tus actividades, como si fueran citas.

9. *Levántate de tu asiento, por lo menos cada 90 minutos, por espacios de cinco a diez minutos*

Haz algo para retomar tu energía y seguir adelante, no es bueno estar todo el día sentado, la energía no fluye de esta manera. Levántate, camina, escucha música, sal del edificio, toma aire, haz que se mueva la energía.

Recuerda que existen actividades importantes y urgentes, existen también actividades importantes-no urgentes. Están las urgentes-no importantes y las no urgentes-no importantes. Este es el cuadrante de productividad. Entre más actividades importantes-no urgentes hagas durante tu día serás más productivo.

Te reto a que utilices estos tips durante los próximos quince días y verás los resultados. Mientras tanto sueña, vive y realiza, porque te mereces lo mejor

10 minutos de gloria

Cuando hablábamos sobre productividad y tiempo, una persona me preguntaba qué tan productivo era tener sesiones de juntas muy largas, de ahí nació el tema "10 minutos de gloria". Es muy importante tener un tiempo de desenfoque, el famoso *break*. Si lo practicamos obtendremos mayor enfoque y mayor concentración al momento de hacer algo productivo o importante, ya sea una junta o una actividad específica que ayude a crecer nuestro negocio.

Algo interesante que surgió de esa charla es que me preguntaba ¿por qué hay empresas que trabajan los viernes la mitad del día y siguen siendo igual de productivas que las empresas que trabajan los viernes todo el día y los sábados también? La respuesta es sencilla, cuando tenemos tiempo de más las personas divagamos mucho, si en cambio te dicen que saldrás a las cinco de la tarde te enfocas en lo que es necesario para terminar antes de las cinco.

Quiero compartirte por qué, sea lo que sea que estés haciendo, es tan importante recargar energía cada 90 minutos. Te voy a dar siete razones por las que esto es importante.

1. Recargar energía cada 90 minutos

¿Sabías que luego de 90 minutos de trabajo es recomendable descansar 10 minutos y convertirlos en tus 10 minutos de gloria? Tu mente necesita cambiar de enfoque, requiere no estar concentrada por largos lapsos porque después no funciona igual. Distraerte cada 90 minutos de tu actividad te trae mayor enfoque. Salir de tu oficina a tomar aire te desenfoca y regresas con tu mente descansada, con otros aires, con pensamientos distintos para reanudar tu trabajo y ponerle todo el esfuerzo en ese momento.

2. Definir bloques de trabajo

Definir bloques de trabajo, te ayuda a concentrarte mejor porque una vez definidos esos bloques de 90 minutos -o el tiempo que quieras, puede ser más corto- tu mente ya sabe que va a tener sus 10 minutos de gloria. Entonces te enfocas en sacar la mayor productividad durante el trabajo y, por consiguiente, serás más efectivo, eficiente y productivo. Tu mente ya sabrá que tendrá esos minutos para enfocarse completamente y luego vendrán sus 10 minutos de gloria.

3. Tu mente ya sabe que tendrá sus 10 minutos de gloria

No debes estar haciendo otras cosas cuando realices algo importante, como teniendo una junta. Necesitas tener ese *break*, si eres discplinado tu mente sabrá que pronto cambiarás de ambiente y podrás pensar en cualquier cosa, no se desenfocará, al contrario, se va a enfocar esos 90 minutos en sus actividades, para después tener sus 10 minutos de gloria.

4. Necesitas tomar aire para pensar diferente

Cuando estás en reuniones de medio día o un día completo sin tener un verdadero *break*, se vuelven tediosas, te cansas más rápido y terminas por no prestar atención. Necesitas tomar aire, salir a pensar diferente y no me refiero a tomar aire en ese mismo lugar, sal de ese entorno a respirar, busca otro lugar para que tu mente se reactive. Es importante tener esos 10 minutos de gloria, no pienses que estás perdiendo ese tiempo, créeme que te va a servir para enfocarte mejor y ser más productivo durante los siguiente 90 minutos.

5. Cambiar de ambiente es bueno para no ciclarte

Nuestra mente piensa de muchas formas, auditiva, kinestésica o visualmente. Si sales de un mismo ambiente y comienzas a ver cosas distintas se te pueden ocurrir nuevas ideas, ya sea por algo que escuchaste, hablaste, viste o sentiste. Cambiar de ambiente es bueno para no ciclarte.

6. Nuestra mente se cansa de estar concentrada y pierde el enfoque

¿Alguna vez te tocó estudiar mucho para un examen muy difícil? Y que no estabas haciendo nada, estabas sentado frente a un libro, sentado, leyendo y te cansaste. Eso sucede porque nuestra mente se fatiga de estar concentrada, así como cuando haces ejercicio y debes tener tu descanso.

Sucede lo mismo con nuestra mente, estamos haciendo ejercicio mental, de cierta forma teniendo una reunión, haciendo una actividad importante que no requiere de fuerte concentración. Tu mente necesita perder el enfoque para reactivarse.

7. Tener tus 10 minutos de gloria y poder salir a hacer algo en esos 10 minutos te ayuda a pensar fuera de la caja

A pensar distinto, esto se liga a lo que te mencionaba en el punto 5. Cuando cambias de ambiente vas a ver cosas distintas y no pensarás como lo haces en la oficina o en la sala de juntas donde llevas horas y horas escuchando, viendo, conversando o haciendo algo.

Tus 10 minutos de gloria te van a ayudar a ser más productivo, por eso es importante tener el famoso *break*. El *break* no existe sólo para ir al baño. Es necesario y funciona para que seas más eficiente en tu trabajo. Sirve además para muchas otras cosas, incluso para hacer actividades que nos están bloqueando la mente y no nos permiten concentrarnos, en esos diez minutos podemos hacer alguna llamada o realizar la conversación que tenemos pendientes. El *break* ayuda a desconcentrarte y volver a concentrarte. Es necesario, importante y bueno para ti, tu productividad y tu enfoque.

Cómo concentrarte en momentos difíciles

"Es que tengo tantos problemas que no me puedo concentrar", es una frase que he escuchado millones de veces. ¿Has visto cómo juega un niño cuando está solo? Se concentra en lo que está haciendo, lo está viviendo, está fluyendo, hace lo necesario para divertirse independientemente de todo lo que hay a su alrededor, logra meterse en su burbuja y juega. Puede haber otro niño cerca de él jugando a otra cosa y haciendo ruido, pero el niño continúa concentrado en lo que está haciendo.

¿Por qué a los adultos se nos dificulta tanto concentrarnos? Es sobre todo más difícil cuando tenemos problemas o situaciones, retos que enfrentar, no nos podemos concentrar en lograr nuestros objetivos.

Hay infinidad de situaciones que pasan todos los días, no les llamemos problemas sino situaciones. Pasó algo en tu escuela, discutiste con tu pareja, tu familia está en un momento particular porque alguien está enfermo o te puede preocupar cierta situación del trabajo, tienes retos económicos que no te permiten pensar con la mente clara. ¿Por qué sucede esto? ¿A qué le damos nuestra atención?

Es probable que te sientes identificado con alguna de estas situaciones porque casi todos pasamos por eso, nos sucede que constantemente traemos otras situaciones al presente y así, concentrarse resulta muy difícil. Quiero invitarte a que hagas a un lado esas situaciones.

¿Cómo he logrado, pese a cualquier situación que haya a mi alrededor, grabar un *podcast* diario? Con base en la concentración, pero no solamente es decir "ya me voy a concentrar y empezaré". No, porque hay situaciones externas, retos que tenemos que sobrellevar, personales o profesionales. No basta con decir "me voy a concentrar y ya, no pasa nada", claro que no, debe haber una mentalidad que te permita concentrarte correctamente.

A continuación, te comparto algunos puntos que considero importantes y que te pueden ayudar a concentrarte mejor, a enfocarte en tus objetivos y metas. A eso me refiero principalmente con "concentrarte", enfocarte en tus metas.

Lo primero que debes hacer es poner una barrera y preguntarte a ti mismo "¿de qué me van a servir las situaciones externas a mí?". Sí, seguramente te van a servir para crecer, pero en una situación en la que quieres avanzar o tienes que hacer alguna actividad para ir hacia tus metas, ¿de qué te servirá estar preocupándote por otra cosa?

Un ejercicio que utilizo en mis conferencias o en los *coaching* personales que hago, es pedirle a mi cliente, y en este caso te pido que lo hagas, donde quiera que esté, que se concentre en un punto fijo, cualquier cosa, puede ser un bolígrafo y que lo sostenga frente a él. Le pido que se enfoque en ese bolígrafo y que no deje de verlo, enseguida le pido que visualice lo que hay a su alrededor, a su derecha, arriba, abajo, qué hay detrás del bolígrafo, a su izquierda, pero sin dejar de verlo, sin voltear sus ojos a otra parte, sus ojos puestos en el bolígrafo.

Si hiciste el ejercicio, seguramente identificaste algunas cosas que hay a tu alrededor ¿estamos de acuerdo? Ahora, si dejas de ver el bolígrafo y volteas a ver las otras cosas, ¿dónde quedó el bolígrafo? Claro, frente a ti, sabes que ahí está, pero perdiste el enfoque y la concentración en ese objeto, ahora estás viendo todo lo que hay a tu alrededor, es lo que nos pasa en la vida. ¿Por qué? Porque el bolígrafo es tu objetivo y todo lo que hay alrededor son las situaciones, los retos, las complicaciones que podrías tener en lo personal o en lo profesional. Ahí están, pero mientras tú estés bien enfocado en tu meta y no voltees la vista a ver los obstáculos o complicaciones que están alrededor, vas a seguir siempre con tu mirada concentrada y fija en la meta.

En el momento en que volteas a ver otras cosas pierdes la concentración, el enfoque, pierdes el objetivo; tu mente ahora está concentrada o está viendo las situaciones externas, los diferentes retos de tu día, ya sea en lo personal o en lo profesional.

Por eso te invito a que hagas a un lado lo demás y te enfoques en tu meta, en tu objetivo sea cual sea. A lo mejor tu meta es hacer una presentación o hacer llamadas parar generar más ingresos. Durante mi carrera he hablado con infinidad de vendedores y muchos me dicen "es que no tengo para pagar las cuentas, o no tengo con qué pagar la tarjeta". Están enfocándose y preocupándose porque no tienen para pagar esos gastos, en lugar de enfocarse en generar ingresos para pagar esas cuentas.

Se pasan la mañana preocupados, pensando en que no tienen para pagar esa deuda, en lugar de enfocarse y concentrarse en hacer las llamadas necesarias para hacer citas y generar las ventas. "Es que, si yo empiezo a hacer una venta ahorita, no la voy a vender ya hoy", pues sí, pero si no empiezas, tampoco la harás mañana, necesitas empezar ahora mismo.

¿Cómo te sientes cuando te concentras y haces algo que te genera ingresos, productividad, ventas? Te da una satisfacción y una tranquilidad de que estás avanzando. Preocuparte por otras situaciones no te va a llevar a nada. Entonces primero debes fluir y ser tú mismo, a pesar de las circunstancias.

¿Por qué un futbolista que practica todos los días, quizá dos veces al día, al momento de tirar un penal se pone nervioso y lo falla? ¿Es porque no sabe tirar? ¿Es porque no sabe cómo pegarle al balón? Claro que no, es porque está pensando en otras cosas, en los gritos de los aficionados, que si lo falla tendrá complicaciones, que en caso de que falle la gente lo va a abuchear.

Está pensado en otras situaciones, él ya sabe cómo pegarle al balón, lo ha practicado miles de veces. Antes de tirar el penal, se dice a sí mismo "a lo mejor el portero vio el video de cómo tiro los penales, lo cambiaré", ahí su mente le juega mal porque ahora ya está preguntándose "¿lo tiro por la derecha o por la izquierda?", en lugar de enfocarse en meter el balón. Es lo mismo en nuestra vida diaria, en nuestro negocio.

Un punto que no debes perder de vista es recordar muy bien tu propósito o la razón por la que estás o vas a hacer esa actividad. Si esa actividad te va a producir resultados extraordinarios y tienes muchos pendientes, muchas situaciones alrededor, recuerda perfectamente cuál es el propósito, la razón por la que estás haciendo eso. Cuando lo entiendas te dirás "no me importa todo lo demás, hoy me voy a enfocar en hacer esto".

Piensa que lo externo no te llevará a ningún lado, mientras no lo resuelvas ¿verdad? Esas preocupaciones que hay alrededor que no están permitiendo que te concentres son las mismas que te están limitando a llegar al objetivo que deseas. Piensa que eso externo no te va a llevar a nada, concéntrate en tu objetivo y recuerda el bolígrafo.

También te recomiendo apuntar en una hoja lo más importante para ti en ese momento, ya sea una actividad o una idea, apúntala en un hoja. Cuando estoy saturado de actividades y tantas cosas que hacer, y no sé por dónde empezar, tomo un *post-it* y anoto todas las actividades que debo hacer. Cuando las paso en limpio, me doy cuenta de que no son tantas. ¿Por qué estoy tan estresado si no son tantas? Son diez cosas, las priorizo, empiezo a hacer la más importante y termino con la menos importante.

Para poder concentrarte durante el día es muy importante que escuches a tu corazón, ¿a dónde voy con esto? Haz respiraciones profundas durante el día, utiliza la meditación, guiada si es posible, el famoso *mindfulness*, es decir, vivir el momento presente. A veces tenemos planeada una fiesta o un viaje para la semana próxima y estamos pensando en eso. Aún ni siquiera llega el día y no estamos viviendo el presente.

Te invito a que vivas el presente, que escuches a tu corazón por medio de la meditación, del *mindfulness*, de las respiraciones profundas, de estar un momento contigo mismo, pueden ser cinco o quince minutos diarios, eso te va a dar tranquilidad y paz para poder concentrarte mejor.

Espero que esto te ayude a ser más productivo, a concentrarte mejor y a enfocarte en lo que te va a generar, más ingresos, productividad o lo que estés buscando.

Cómo estructurar tus ideas

Tantas ideas que tenemos, tantas tareas que debemos hacer y también tantas veces que no actuamos, que no hacemos nada, se nos van las ideas, se pasa el tiempo y seguimos igual.

En este apartado te mostraré cómo estructurar tus ideas y también cómo estructurar tus acciones, de acuerdo con lo que sea mejor para ti. Con estos cinco puntos vas a lograr estructurar tus ideas y acciones de una forma sencilla, realizarlo te hará más eficiente, efectivo y que te enfoques principalmente en lo importante en tu vida, que es lo que hará crecer tu negocio, tus ventas y tus ingresos.

Mucha gente que me consulta me dice, "tengo muchas ideas y he pensado tantas, pero se me olvidan, se me van, no hago nada". Nuestra mente es muy poderosa, es capaz de manejar un mundo de información, justo por esto es conveniente estructurar bien las ideas. Pongamos el caso de que tuviste una idea, si no la estructuraste, se te va para siempre, fue algo que llegó y si no la aterrizaste, si no hiciste algo para guardar esa idea que vino a tu mente, se va igual de fácil que como llegó. Pasan los años y recuerdas la misma idea, crees que es nueva, pero no, ya la habías tenido porque tu mente es tan poderosa que guarda todo, pero a veces se queda en el inconsciente y no logramos acceder ahí.

Para evitar que se nos vayan las ideas las vamos a estructurar. Antes de decirte los cinco pasos para estructurar tus ideas, te invito a que hagas lo siguiente. Utiliza una de estas dos herramientas, una grabadora o una libreta pequeña, quizás estás en una junta y se te ocurre una idea, sigues en la junta y se te va, para evitar que esto pase lleva contigo siempre una libreta o una grabadora de voz y registra tu idea. Puede pasar en cualquier lugar, como cuando vas en el carro, se te ocurre una muy buena idea y piensas "llegando a la oficina la apunto". Llegas a la oficina y alguien te comenta qué pasó mientras no estabas, adiós idea, se te olvidó.

Por favor, utiliza estas herramientas, incluso puedes usar tu teléfono celular que tiene aplicaciones de grabadora y de notas, cuando vengan a tu mente, graba y anota tus ideas, no las usarás en ese momento, porque es probable que estés enfocado en tus metas y en tus objetivos. Pero tendrás una lista para cuando tengas tiempo de organizarlas y obtener de ellas algo productivo para ti, tu vida o tu negocio.

Cuando estamos agobiados porque tenemos muchos pendientes o muchas cosas en la cabeza, siempre es bueno escribir. En mi caso, pasa que debo estructurar una conferencia nueva o algún seminario para alguna empresa u organización, a veces se me vienen tantas ideas a la mente que, si no las apunto y no las estructuro, termino por hacer nada. Caso contrario, cuando las estructuro es más fácil para mí crear esa presentación.

Cuando grabo un *podcast* cierro los ojos y empiezo a hablar, pero me baso en ideas que anoté antes, me voy guiando en ellas porque si no, se me olvidan las cosas importantes. Pasa lo mismo en la vida y en los negocios.

Te recomiendo que cuando tengas muchas actividades que hacer, hagas lo siguiente:

1. Haz una lluvia de ideas

Escribe una lluvia de ideas o de actividades. Haz una lista de todas las ideas que tengas o que quieras desarrollar. Igualmente, si estás muy agobiado por todas las actividades que debes hacer para salir adelante con cualquier tarea, haz una lluvia de ideas.

2. Realiza el recuadro de las cuatro columnas

Haz un recuadro de cuatro columnas, ya sea en una hoja común o en un documento de Excel, lo que sea mejor para ti.

3. Llena el recuadro

En la primera columna pondrás la idea o actividad, vierte aquí todas las ideas que anotaste en tu lluvia de ideas; en la segunda columna escribirás para qué te va a servir, qué quieres desarrollar, qué tanto vale la pena hacerla.

En la tercera columna anotarás si es o no importante. Si es importante escribe "importante", si no lo es no escribas nada. En la cuarta columna escribe si es urgente o no.

4. Organiza la información

Una vez que hayas llenado todas las columnas con ideas o acciones, las organizarás por importancia. En primer lugar, estarán las ideas que son importantes y urgentes, después colocarás las importantes y después las que son urgentes.

Organizar de este modo tus ideas o actividades te ayudará a saber priorizar. Estructura tu recuadro de esa forma, si tienes por ejemplo cinco que son importantes y urgentes, ¿cómo las organizas? Bueno ahí priorízalas tomando en cuenta la columna número 2, determina su importancia respondiendo para qué te va a servir o para qué es esa idea, así será más fácil priorizar.

5. Ponle fecha a tus ideas

Establece una fecha en la que ejecutarás cada una de tus ideas o acciones, sobre todo para las más importantes y urgentes, de esta forma todas tus ideas, acciones o actividades ya tendrán estructura, incluso tendrán una fecha de inicio.

Ahora sí, tu mente ya no divagará, no estará como loca porque no sabes qué hacer primero o lo que sigue, evitarás estar agobiado porque quieres hacer todo al mismo tiempo y no se puede.

Cuando lo estructures te vas a sentir mucho más relajado, comprenderás que así es mucho más sencillo desarrollar ideas o actividades que debes hacer para llegar a tus metas y objetivos.

Leamos nuevamente los cinco pasos para estructurar ideas:

Paso 1: Haz una lluvia de ideas

Paso 2: Realiza el recuadro de las cuatro columnas

Paso 3: Llena el recuadro

Paso 4: Organiza la información

Paso 5: Ponle fecha a tus ideas

Seguir estos pasos te ayudará a mantener una mente más clara y a que puedas aumentar tu éxito. Espero que las utilices para tu crecimiento personal y profesional.

Cómo hacerte preguntas para lograr tus sueños

Llegamos a un punto interesante de este libro. Aprende a hacerte preguntas para lograr lo que quieras. "¿Por qué me pasa esto a mí? ¿Qué hice yo para merecerme esto? Otra vez el despertador, ¿por qué me tengo que levantar temprano?" Estas preguntas que no tienen respuesta son muchas de las que nos hacemos todos los días. Pero en vez de ayudarnos a definir nuestro destino, a donde queremos llegar, lo único que hacen es frustrarnos frente a lo que viene en nuestro día. Al enunciar este tipo de expresiones nos estamos asegurando de que nada bueno nos pasa a nosotros. Una manera distinta de ver las cosas sería hacernos preguntas positivas que nos ayuden a pensar en lo que verdaderamente queremos obtener de la vida, del negocio, de lo que sea.

Por lo general, nos hacemos preguntas que no tienen respuesta: "Dios mío, ¿por qué me pasa esto a mí?" ¿Crees que escucharás la voz de Dios diciéndote "hijo mío, te pasa esto por esto, esto y lo otro?" Pues no te va a responder así, quizás te responda de otras formas, pero es una pregunta que no tiene respuesta.

Por ello hay que hacernos preguntas positivas, con cuyas respuestas podamos resolver y tomar acciones para definir el destino que queremos.

Aquí están los cinco puntos para que te hagas las preguntas para lograr tus sueños:

271

1. Genera preguntas que tengan respuesta

Si preguntas ¿por qué siempre me pasa esto a mí?, es una interrogante que no te va a llevar a ningún lado. En cambio, si te haces una pregunta como ¿qué tengo que hacer yo para que no me vuelva a pasar esto? Automáticamente la situación cambia, porque ahora sí tienes la opción de definir qué tienes que hacer o qué debes hacer para que no te vuelva a suceder cierta situación.

Haz preguntas como ¿qué debo hacer? ¿Qué opciones tengo que no he considerado? ¿Qué puedo mejorar? ¿Qué puedo cambiar? Preguntas de las que puedas obtener una respuesta instantánea y cuya respuesta te ayude a subir un escalón hacia tu meta final. Preguntas que tengan respuesta. Si la pregunta no tiene respuesta no te va a servir de nada.

Si preguntas "¿por qué tal persona siempre es así conmigo?", pues ¡pregúntale a esa persona! Porque tú no lo vas a poder resolver, podrás suponer por qué esa persona es de esa forma contigo, pero estás suponiendo. Entonces mejor haz preguntas que tengan respuestas, donde tú mismo te proporciones las respuestas y, por tanto, las soluciones.

2. Hazte preguntas cuyas respuestas dependan 100 % de ti

De nada sirve hacerte preguntas que no puedes responder. Si te haces preguntas positivas como "¿cuándo voy a iniciar mi proyecto?", la respuesta es tuya, ¿cuándo lo vas a iniciar?

O si te haces preguntas como "¿cuánto quiero ganar para que mi negocio sea verdaderamente rentable?". Para responderla tendrás que investigar cuánto necesitas ganar y cuánto quieres ganar, y así sabrás si tu negocio es verdaderamente rentable o no.

Se trata de que te hagas preguntas cuyas respuestas sólo tú puedes tener, que los resultados y las respuestas dependan 100 % de ti, porque si no puedes responder a esas preguntas, vas a estar paralizado hasta que llegue alguien que las pueda resolver.

3. Las preguntas deben buscar un resultado positivo

Siempre haz preguntas como: ¿Qué quiero hacer? ¿Qué tengo que hacer? ¿Qué debo hacer? ¿Qué puedo mejorar? Preguntas que empiecen con ese tipo de palabras porque te van a generar una respuesta positiva.

Y siempre enfocadas hacia tus sueños, metas, objetivos, todo lo que quieras lograr y obtener, porque si te preguntas "¿qué tengo que hacer para evitar esto?", es una pregunta que sí tiene respuesta, pero no es positiva porque estás buscando evitar algo. Formula preguntas que te ayuden a obtener algo en vez de evitar algo.

"¿Cuánto necesito obtener para saldar mis deudas?" ¡NO! Mejor pregunta "¿cuánto quiero ganar?", y por añadidura, saldarás tus deudas. Acuérdate, hay que enfocarnos, nuestras metas deben ser enfocadas hacia lo que queremos obtener, no hacia lo que no queremos.

De igual modo, hazte preguntas positivas que te lleven hacia resultados positivos, a avanzar escalones hacia las metas que te has propuesto. No busques preguntas que te hagan voltear hacia atrás, hacia el pasado, a menos que sean preguntas de aprendizaje, pero hazte preguntas creativas y positivas.

4. Evita preguntas de miedosos

Las preguntas de miedosos son aquellas preguntas que te haces cuando tienes miedo de lograr algo o miedo de empezar, de emprender un negocio. Esas preguntas que te hacías cuando eras más joven y te ibas a acercar a una persona que te atraía para decirle algo importante, no sabías, tenías miedo, dentro de ti te preguntabas "¿y si no le gusto?, ¿y si me rechaza?, ¿y si se ríe de mí?". Esas preguntas, ¿qué te dicen? Nada.

No te hagas esas preguntas, lo único que van a hacer es llenar tu mente de inseguridades, son preguntas de miedosos que todos a veces las tenemos. Evita las preguntas que te van dar inseguridad, que te meterán creencias negativas y limitantes, esas preguntas te pueden destruir todos los sueños, objetivos y metas.

Son las preguntas que aparecen antes de hacer una llamada de venta, de entrar a una cita, de iniciar un nuevo proyecto. Las preguntas miedosas te pueden tumbar. Con esas preguntas miedosas estás acabando con algo que pudo haber sido positivo y muy grande en tu vida.

5. ¿Cuándo dejarás de hacerte preguntas negativas?

Si estás leyendo eso en un lugar donde puedes escribir, ponle fecha ahora mismo. Tú decides hasta cuándo, ponle la fecha y a partir de esa fecha sólo te formularás preguntas positivas.

Espero que capítulo te ayude a aumentar tu éxito personal y profesional, que con esta información avances hacia tus metas y sueños. Que hagas preguntas que realmente te empoderen, hagan que te sientas más fuerte, más poderoso para avanzar, dejar los miedos y las inseguridades atrás.

Si tú quieres alcanzar tu sueño y vas a dar todo lo necesario para lograrlo, te pregunto ¿qué es lo peor que puede pasar en caso de que no lo lograras? Como hemos visto, puedo asegurar que tu respuesta no va a hacer algo muy grave, si no lo logras seguramente seguirás viviendo. ¿Qué es lo peor que puede pasar si intentas y no lo logras? Muchas veces, lo peor que puede pasar es que te quedes tal como estás ahora.

Repasemos los puntos fundamentales para que realices preguntas que te ayudarán a lograr tus sueños:

Paso 1: Genera preguntas que tengan respuesta

Paso 2: Hazte preguntas cuyas respuestas dependan 100 % de ti

Paso 3: Las preguntas deben buscar un resultado positivo

Paso 4: Evita preguntas de miedosos

Paso 5: ¿Cuándo dejarás de hacerte preguntas negativas?

Piensa fuera de la caja, piensa diferente

Hace algún tiempo estaba en una sesión de *coaching* individual vía Skype con uno de mis clientes, él no encontraba la forma de hacer crecer su negocio y con base en preguntas fuimos trabajando para llegar a nuevas ideas y formas de hacer estrategias y planes de acción para lograr sus metas y objetivos.

Durante la sesión, le hice la siguiente pregunta: "¿Qué opciones tienes que no has considerado?". Esa fue la pregunta con la que empecé para obtener información que yo sabía a él se le iba a ocurrir. Sin embargo, no estaba pensando fuera de la caja, estaba pensando en la situación actual, porque estaba frustrado, tenía problemas económicos y otra serie de situaciones. Él pensaba desde esa perspectiva, desde la misma perspectiva de cómo hacía las cosas siempre.

En aquella ocasión mi intención era que pensara fuera de la caja, que pensara distinto, desde otra perspectiva. Finalmente pudo hacerlo y logró sus objetivos. Las otras preguntas que le hice fueron: "¿Qué puedo hacer diferente este mes que me va a ayudar a incrementar mis ventas? ¿Qué hice el pasado que sí me funcionó? Suponiendo que ya logré mis metas, ¿qué fue lo que hice diferente que sí me funcionó?", y le pedí que buscara lugares nuevos para pensar diferente y crear cosas e ideas distintas.

Este capítulo trata sobre esas preguntas, que son cinco puntos que te enseñarán a pensar fuera de la caja y a crear ideas distintas, planes de acción diferentes y a no estar con lo mismo siempre. Me encanta la frase de Albert Einstein que dice: "Para obtener resultados diferentes, necesitas hacer cosas diferentes". Esa es la propuesta de este apartado, para obtener resultados diferentes, necesitas hacerte preguntas diferentes y pensar diferente.

1. ¿Qué opciones tienes que no has considerado?

Es una pregunta que yo hago muchísimo en mis sesiones de *coaching*, que realmente empodera a la persona y le da opciones, aunque ella crea que no las tiene. Ahora hazte la siguiente pregunta: ¿qué opciones tengo que no he considerado para lograr "x" cosa?, dependiendo de lo que quieres solucionar.

¿Qué te está diciendo esa pregunta? La misma pregunta te estás diciendo que tienes opciones, pero que no las has considerado; planteada así te estás diciendo que sí tienes opciones. Mucha gente dice, entre ellos algunos de mis clientes, "ya no se me ocurre nada, ya no hay opciones, es todo, no tengo opciones para vender, para conseguir nuevos prospectos, para hacer crecer mi negocio".

Esta pregunta de verdad que es mágica, porque automáticamente te hace pensar en opciones y encontrarlas, utilízala de verdad, porque para mí esta pregunta realmente es mágica.

2. ¿Qué puedo hacer diferente este mes que ayude a incrementar mis ventas?

Bueno, incrementar mis ventas, hacer crecer mi negocio, dependiendo de lo que quieras, el núcleo de esta pregunta es ¿qué puedo hacer diferente? ¿A dónde voy con esta pregunta? Cuando inicies un mes o quieras hacer cosas distintas, siempre pregúntate e incluye la palabra "diferente". ¿Qué puedo hacer diferente este mes, esta semana, este trimestre, que me ayude a incrementar mis ventas o a acrecentar mi negocio, mi productividad, a mejorar mi tiempo en "x" cosa? Esta pregunta hace que automáticamente busques cosas distintas.

3. ¿Qué he hecho en el pasado que sí me ha funcionado?

A veces nos bloqueamos y decimos "no, ya no sé cómo conseguir clientes, no sé por dónde seguir, no sé dónde buscarlos, no sé dónde buscar referidos, ¿qué haré?, ¿cómo haré crecer mi negocio?". Este tipo de preguntas nos bloquean, pero te invito a voltear hacia tu pasado y te aseguro que ha habido algún momento en que has salido adelante a pesar de las circunstancias, a pesar de creer que no tienes opciones. Tal vez dirás "¡ay!, ¿sabes qué?, el año pasado cuando estuve en esta misma situación, hice esto y me funcionó, o hice esto y no me funcionó".

El punto aquí es que busques en el pasado lo que sí te haya funcionado. ¿Para qué?, para que no te cicles en el momento. Si piensas cómo es tu situación ahora, no sacarás nuevas ideas, y a lo mejor la respuesta no está en una nueva idea, sino en una que hayas olvidado.

4. Suponiendo que ya logré todas mis metas, ¿qué fue lo que hice diferente que sí me funcionó?

Ve al futuro, ve que ya lograste tus metas, ya eres más exitoso de lo que eres en este momento, piensa, voltea atrás y pregúntate ¿qué hice que sí me funcionó? Te aseguro que lo que venga en este momento a tu mente muy probablemente es lo que debes hacer. Tú ya sabes lo que debes hacer, pero a veces no nos enfocamos correctamente, o no definimos los planes de acción o las estrategias para lograr eso que queremos.

5. Cuando quieras crear cosas distintas, busca lugares nuevos donde pensar

Si trabajas en tu oficina y si vas a crear algo nuevo, no lo crees en tu oficina, salte. Ve a un café, ve cerca de una montaña, cerca de una fuente, un lugar distinto que te genere nuevas ideas, que sea propicio para pensar fuera de la caja. Dentro de tu oficina ¿qué sucede? Piensas igual todos los días, piensas en las mismas estrategias. En mis sesiones de *coaching* pido a las personas que sean en mi oficina para que salgan de la suya o si es vía Skype, les pido que busquen lugares diferentes. ¿Para qué?, para pensar diferente.

Te repito los cinco puntos que te recomiendo para que pienses fuera de la caja:

Punto 1: ¿Qué opciones tienes que no has considerado?

Punto 2: ¿Qué puedo hacer diferente este mes que ayude a incrementar mis ventas?

Punto 3: ¿Qué he hecho en el pasado que sí me ha funcionado?

Punto 4: Suponiendo que ya logré todas mis metas, ¿qué fue lo que hice diferente que sí me funcionó?

Punto 5: Cuando quieras crear cosas distintas, busca lugares nuevos donde pensar.

Espero de todo corazón que haya compartido contigo mi granito de arena para ponerlo en tu mente, en tu corazón y en tu alma, para que día a día crezcas, te superes y sigas adelante.

¿Cómo obtener estructura y orden mental para un día productivo?

Hace tiempo, conversando con uno de mis clientes en una sesión él me decía: "Ricardo, ¿cómo podría lograr tener una estructura correcta de mi día? Porque quiero hacerlo productivo, llego a la oficina y me vuelvo loco. Termino el día y no hice nada productivo. ¿Cómo le hago?". Y le di estos cinco tips que lo ayudaron a estructurar mejor su día para hacerlo más productivo, es algo que yo mismo hago.

¿Qué nos pasa? Suele pasar que llegamos a la oficina y ¿qué es lo primero que hacemos? Si tu respuesta fue revisar el correo seguramente eres normal, eres parte del 90 o 95% de las personas que hacen precisamente eso. Llegan a revisar su correo electrónico.

¿Qué sucede? Que estar revisando tu correo electrónico es revisar los pendientes y agendas de alguien más. En vez de llegar a tu oficina o lugar de trabajo y definir inmediatamente lo que vas a hacer ese día para hacerlo productivo no, te sientas a ver qué te llegó, a ver qué pendientes tiene otra persona para resolvérselos. Vamos a evitar eso.

1. *Revisa un día antes lo que necesitas lograr al día siguiente*

Lo que quiero que hagas un día antes es que revises cuáles son las actividades que debes hacer al día siguiente. Deben ser actividades realmente productivas para ti, para tu negocio, para vender más, para obtener más ingresos, para lograr contactos.

Toma nota de esto, porque quiero que te vayas a tu casa a descansar sabiendo qué es lo que vas a hacer al día siguiente. Ese es el primer punto, de esa forma te vas a dormir tranquilo y con la mente en paz, porque ya sabes lo que harás al día siguiente. Pero anótalo, porque si lo dejas en tu mente posiblemente se te dificulte descansar, tendrás los pendientes en la cabeza.

2. *Inicia el día con un plan de acción*

Piensa en cuáles serían las diez actividades más importantes del día. Toma las dos más importantes, las que tienes que hacer para crecer, seguramente son las más importantes y no las más urgentes. Ojo, es muy importante hacer tus llamadas para obtener citas y a lo mejor no es urgente, pero es lo más importante porque es lo que te va a generar citas para que a su vez logres vender más y generar más ingresos. Entra y define un plan de acción. ¿Cómo logramos definir un plan de acción? Comienza con el siguiente punto.

3. Ten siempre a la mano las actividades más importantes del día

Que la lista de las actividades diarias siempre está a la mano, en una libreta o post it, o en algo que estés viendo todo el día, para que de cierta forma esas actividades estén volteando a verte y te recuerden que son importantes. Es necesario que las hagas.

4. Agendarlas y bloquearlas para actuar durante el día

Ése es realmente el plan de acción: agendar y bloquear el horario o tiempo para actuar durante el día. Si no las agendas y comienzas a posponerlas va a llegar la tarde y seguirás posponiéndolas. Agéndalas y hazlas en la mañana, tarde, a mediodía, a la hora que sea mejor para ti, pero agenda cada una de las actividades en el horario que lo vayas a hacer.

5. Enfocarte en cumplir tu agenda y pensar sólo en lo que te corresponde en ese momento

Supongamos que en tu agenda definiste que de 11:00 a 12:00 te vas a enfocar en sacar contactos de prospectos nuevos. En ese tiempo, tu mente debe estar 100 % enfocada en obtener esos nombres. Nada de revisar el correo o hacer llamadas, ese tiempo es exclusivo para realizar lo que agendaste.

Eso es lo que verdaderamente te va a llevar a avanzar: el enfoque. El bloquear ese tiempo para que en ese horario que ya definiste que vas a sacar prospectos nuevos lo hagas y no hagas nada más que eso. Este punto es primordial.

¿Qué hago yo por ejemplo? Cuando voy a grabar los *podcasts*, si no agendo qué día y a qué hora voy a grabar tal *podcast*, no lo voy a hacer. Voy a andar corriendo y sufriendo un día antes. Entonces, agenda tus actividades con tiempo, ponle atención a ese tiempo y enfócate en cumplir tu agenda. Si no te enfocas en lograr esa estructura que ya definiste desde el principio del día, de nada te va a servir.

Quiero que logres una estructura para tu día y un orden mental. Sigue adelante, porque en ocasiones pensamos que nuestro día será complicado, pero todo depende de nosotros, de cómo enfoquemos ese día. Te invito a que hoy cambies tu día, tu vida, tu pensamiento y te enfoques en estructurar tu día y ponerle orden a tu mente.

Aquí nuevamente los puntos para darle estructura y orden a tu día:

Tipo 1: Revisa un día antes lo que necesitas lograr al día siguiente

Tipo 2: Inicia el día con un plan de acción

Tipo 3: Ten siempre a la mano las actividades más importantes del día

Tipo 4: Agendarlas y bloquearlas para actuar durante el día

Tipo 5: Enfocarte en cumplir tu agenda y pensar sólo en lo que te corresponde en ese momento

Te felicito por querer hacer que las cosas sucedan, porque llegaste al final de este artículo, estás comprobando que estás comprometido con tu crecimiento personal, con tu crecimiento en ventas, en ingresos, en actividad y en productividad.

Salir adelante en ambientes de trabajo difíciles, cuestión de actitud

Muchos de nosotros hemos pasado por este tipo de situaciones, es algo común en la vida. ¿Por qué? Porque los ámbitos laborales están compuestos por personas, que pueden ser positivas o negativas, pero paradójicamente nos enfrascamos con las personas negativas. Pensé en este tema porque un cliente me pidió que le hablara sobre ello.

Sé que es algo que a muchos de nosotros nos ha sucedido. ¿Cómo enfrentarlo? Por lo general no sabemos manejar la situación y obviamente queremos conservar nuestro trabajo, pero no estamos tranquilos por el ambiente laboral.

Te enseñaré estos cinco tips o estrategias que puedes utilizar en ambientes complicados de trabajo, para que puedas convivir con personas difíciles, con gente negativa. Todo depende de ti, recuerda que todo está en la mente. A pesar de que la gente te esté afectando externamente, tú decides hasta dónde te van a afectar, porque la decisión siempre es tuya, tú decides si permites que eso te afecte o no.

1. Enfócate en hacer lo que dependa 100 % de ti

Si algo no depende completamente de ti, ¿qué te preocupa? Es algo que alguien más lo provocó. Enfócate en lo que realmente dependa de ti; concéntrate en cambiar, mejorar, superar o administrar tus responsabilidades.

2. Haz lo necesario para evitar a personas negativas

Estoy consciente que a veces es inevitable convivir con personas negativas diariamente, pero busca las estrategias para estar menos tiempo frente a ellas. Además, encuentra la forma de verlos positivamente, trata de hacer diferente las cosas, porque no sabemos los problemas o situaciones que hay detrás de esas personas, quizá tengan problemas muy fuertes y nosotros creemos que son personas malas o negativas. A lo mejor esas situaciones complicadas son las razones por las que esas personas acúan así, hay que tomarlo desde adentro, con amor, aceptar que habrá algo que les afecta.

Piensa en qué los puedes ayudar, cómo puedes hacerles la vida más fácil, para hacer las cosas que dependan de ti. ¿Qué depende de ti? Ayudar a las personas, cambiar tu estado de ánimo, cambiar la forma en que ves las cosas. En resumen, busca la forma de evitar a personas negativas, mientras haces algo para apoyarlas desde la distancia.

3. Informa al director, dueño o encargado de la situación para que lo corrija

Puede darse el caso que los directivos no están enterados. Si no quieren hablar con nosotros, seguramente no les interesa lo suficiente la compañía o la empresa, pero siempre hay que buscar la forma de hablar con ellos, de hacerles ver que hay algo que está mal y que está afectando el ambiente de trabajo y la productividad de la empresa.

Eso es muy importante para los dueños de un negocio. Si los dueños de negocios no aceptan que su gente, su equipo les de ideas, opine y les comunique qué está pasando abajo ¿cómo podrá liderarlos? Los dueños o directivos pueden creer que las cosas están muy bien, cuando en realidad hay un remolino dentro de su empresa.

Un ejemplo claro de este punto es el que pasó con una de mis clientes, que es dueña de una empresa. Uno de los retos que tuvimos en una sesión de *coaching* fue precisamente hablar con un integrante de su equipo para saber cómo podía apoyarlo y hacerlo crecer. En la sesión que tuvimos para revisar los resultados de esa charla se mostró sorprendida por todo lo que le comunicó su equipo, ella pensaba que estaban trabajando armoniosamente, que todo estaba muy bien dentro en su empresa, pero se dio cuenta que no era así, que había muchas cosas por mejorar. Por eso, los dueños de negocio deben aprovechar a su gente, son las personas que están todos los días y saben qué está sucediendo en la empresa. Es indispensable apoyarse de las personas que integran el equipo de trabajo.

Pero volviendo al punto anterior, hay que informar con mucha seguridad a los directivos sobre alguna situación conflictiva, que no te detenga el miedo. Entiendo que no es sencillo llegar con el dueño o el director, pero hay que tomar seguridad en uno mismo. Además, sé consciente que lo le vas a decir es bueno para su empresa, su negocio o su equipo, acércate con la perspectiva de que vas a decirle algo que le conviene saber.

4. Si están atentando contra tu dignidad, no lo permitas

Si estás en una situación así, pon un alto de inmediato y pide respeto. Recuerda que, si a algunas personas no les pones un alto, se van a trepar hasta donde puedan. ¿Por qué?

Porque es propio de la naturaleza humana, incluso hay personas que buscan liderear de forma agresiva y lo harán con tal de avanzar.

Hay un dicho que dice "el valiente vive hasta que el cobarde quiere". Es precisamente el momento en que pongas un alto y tomes el control de la situación, no permitas que atenten contra tu dignidad. Tendrás temor que te despidan, no hay de otra, expresa cómo te sientes frente a esa situación y cuida tu dignidad.

5. En todo lo que hagas, siempre ofrece soluciones

No traigas problemas a la mesa, trae soluciones. Las soluciones automáticamente le cambian el estado de ánimo a las personas; si llegas con tu jefe con un problema, llévale también una solución. Explica el problema y también cómo solucionarlo, ¿crees que no va a confiar más en ti? Es posible que si actúas así te dé más empoderamiento para que tomes decisiones. Pero no llegues con problemas, llega con soluciones. Y hazlo en cualquier situación, si te toca hablar con el director o el dueño de la empresa para exponerle una situación de ambiente de trabajo negativa o difícil, puedes ofrecerle una posible solución: "creo que podríamos hacer esto, y mejorar la relación en el equipo". Seguramente eres una persona muy creativa, encuentra esas formas de cómo comunicarte de mejor manera.

Entonces, las cinco estrategias para salir adelante en ambientes de trabajo difíciles son:

Estrategia 1: Enfócate en hacer lo que dependa 100 % de ti.

Estrategia 2: Haz lo necesario para evitar a personas negativas.

Estrategia 3: Informa al director, dueño o encargado de la situación para que lo corrija.

Estrategia 4: Si están atentando contra tu dignidad, no lo permitas.

Estrategia 5: En todo lo que hagas, siempre ofrece soluciones.

Espero de todo corazón que este capítulo te sirva, que día a día aumentes tu éxito y vayas paso a paso logrando tus metas. Recuerda, no permitas que nadie atente contra tu dignidad, de ninguna forma, ni el trabajo, ni en la vida, ni en los negocios, enfócate en ser mejor, en superarte día a día.

Preguntas para pensar de forma creativa

¿Por qué insisto en que las preguntas son muy importantes? Las preguntas son importantes porque nos generan respuestas. Si no existen las preguntas no existen las respuestas, y dependiendo del tipo de preguntas que te hagas son las respuestas que vas a obtener. Ahí radica la importancia de las preguntas que nos hagamos diariamente para nos ayuden y nos inspiren a ser mejores, a ser creativos y a crecer personal y profesionalmente.

Uno de mis clientes particulares estaba en un momento de bloqueo total. No sabía qué hacer, no sabía cómo avanzar y hacer crecer su negocio, y de pronto con una simple pregunta, que pertenece a aquellas a las que llamo "preguntas poderosas", todo se desató. A partir de esa pregunta, se le ocurrieron muchas ideas y todo comenzó a fluir.

Por eso me gustan tanto las preguntas. He comprobado que hacer una pregunta correcta, traerá la respuesta correcta, lo he comprobado no sólo en mi vida personal sino en el apoyo que he tenido la oportunidad de dar a muchos dueños de negocios. A esas personas les ha cambiado su perspectiva a partir de preguntas, preguntas que los llevan a crear cosas extraordinarias, cosas que probablemente ellos ni se habían imaginado que podrían lograr.

Hoy te invito a que te hagas preguntas diferentes para que tu creatividad vuele y llegues a los niveles más altos que te permitas. No se trata solamente de pensar, es hacerte las preguntas indicadas porque te vas a encontrar respuestas extraordinarias.

Te voy a dar unas preguntas que puedes utilizar para ser más creativo y que te ayudarán a formular planes de acción, nuevos negocios, propuestas novedosas para tu negocio, para crear nuevas estrategias de venta, para crear nuevos *speeches* de venta, todas estas preguntas te van a servir. Pero antes debes eliminar todo lo que te reste creatividad, todas esas cosas que nos metemos en la mente cuestionándonos a nosotros mismos. Tenemos muchas cosas en mente que nos limitan a ser más creativos.

Te invito a que eso lo pongas a un lado y comiences a crear. Busca un ambiente adecuado, no quieras sacar cosas creativas en un lugar que no es el apropiado: un lugar estresante, donde hay mucha gente que probablemente te distrae, donde te llegan llamadas cada dos minutos o cerca de personas que te pueden limitar a pensar diferente. Crea un ambiente adecuado, vete a un lugar cerrado, o a un lugar donde puedas ver las montañas, ríos, cascadas, un lugar bonito que te genere creatividad. Siempre hay lugares que estimulan la creatividad.

Cuando vayas a crear enfócate, ponte en el lugar adecuado, date el tiempo, crea una burbuja de tiempo donde nada ni nadie te pueda molestar o sacar de ese momento de creatividad. ¡Sal de la caja también! Crea y piensa fuera de la caja, no te quedes siempre con lo mismo. Por eso quiero que te vayas a lugares diferentes, para que pienses fuera de la caja.

Cuando vayas a crear algo en conjunto, que sea con gente creativa que tiene ideas constantemente. Sobre todo, con gente positiva, la que te ayuda a crecer, a mejorar y que siempre está pensando cosas nuevas. Busca a esas personas porque te pueden ayudar a que tú mismo crees mejor. Te aseguro que, aunque pienses que no eres creativo, sí lo puedes ser haciéndote las preguntas indicadas, creando el ambiente indicado, poniendo a un lado los pensamientos que te limitan a crear y juntándote con gente creativa.

Algunas preguntas que puedes hacerte para pensar de forma creativa son:

* ¿Qué opciones tengo que no he considerado?

* ¿Por qué debe ser hecho de esta manera?

* ¿Hay alguna otra mejor manera?

* ¿Cuál es la raíz de esta situación?

* ¿A qué me recuerda esto?

* ¿Qué es lo opuesto a lo que quiero lograr?

* ¿Qué metáforas o símbolos ayudan a explicar mejor esta situación?

* ¿Cuál es la forma más difícil de obtener esto que quiero?

* ¿Quién tiene perspectivas diferentes a las mías para que me ayude a pensar diferente?

* ¿Qué sucedería si no logro este objetivo o meta?

Estos son sólo algunos ejemplos de preguntas que te puedes hacer para pensar diferente, ser creativo y ser cada día mejor.

Divide y simplifica los problemas

"Para comerte un bistec enorme, es más fácil cortarlo en pedacitos".

Un día llegó uno de mis clientes individuales con unos problemas impresionantes, eran problemas grandísimos que no podía solucionar. Lo primero en lo que trabajamos fue en que no les llamara "problemas" y que no los viera tan grandes, sino que los viera como retos y que los hiciera más pequeños. Y no me refiero a hacerlos pequeños mentalmente, que obviamente te ayuda a no ver la situación tan complicada, sino a partirlos realmente en pedacitos, volverlos pequeños retos en cada una de las áreas.

Si, por ejemplo, tienes un problema en el área de las ventas y se trata de tu forma de vender, ahí hay una situación que vamos a atacar específicamente: cómo va a ser tu *speech*, cómo vamos a obtener prospectos, cómo va a ser tu primera cita. Hay que partir los problemas en partes, porque quizás, tu problema para vender lo ves tan grande que no sabes en qué estás fallando y qué es lo que debes mejorar. Entonces, si divides por áreas cada una de tus situaciones o problemas, definitivamente vas a poder solucionar las áreas punto por punto, y probablemente te des cuenta de que el problema no es tan grande. Por eso es importante dividir y simplificar los problemas.

Si queremos comernos un bistec grande y suculento no nos lo vamos a meter todo a la boca porque no vamos a poder, por muy grande que tengas la boca. Lo ideal es agarrar cuchillo y tenedor y partir en pedacitos ese bistec para poderlo comer. Lo mismo sucede con un problema, hagámoslo un reto y dividámoslo en pequeñas partes.

Lo primero que debemos hacer es plantear la situación, el problema. ¿Cuál es mi problema? En vez de decir que no tienes suficientes ventas, te pido que lo cambies a un reto y lo plantees así: "Mi reto es cómo voy a lograr vender más que en cualquier año de mi vida". Cambió el problema, ¿verdad? Ya no existe el problema, ahora es un reto, es una meta.

Ahora, ¿cómo lo voy a lograr? Pensarás que todo parece muy bonito, pero no sabes cuál es el siguiente paso que debes dar. Lo siguiente que debes hacer es convertirlo en pequeños retos: ¿cómo voy a lograr llegar a mi mercado ideal? ¿Cómo voy a obtener nombres de prospectos para llegar a mi mercado ideal? ¿Cómo voy a impactar en la llamada que les haga a esos prospectos? ¿Cómo voy a impactar en mi primera cita? ¿Cómo voy a lograr la apertura de un nuevo negocio?, entre otros. Lo divides en pequeñas partes y ahora sí te enfocas en resolver cada uno de los puntos. Lo haces más sencillo, digerible y con estrategias específicas.

Estoy ejemplificando con una situación de venta, pero aplica en todas las áreas de una empresa, en cuestión de liderazgo, en cuestiones administrativas, en cuestiones de producción. Todo se puede partir en pequeños pedacitos de carne que te ayude a digerirlo mejor, a avanzar llevándote un bocado a la vez para que a final de cuentas puedas terminar y resolver el gran problema o la gran situación.

¿Te cambia la perspectiva en cómo ves las cosas o no? ¡Por supuesto! Desde la forma en cómo te planteas la situación y desde ahí comienzas a lograr tus metas y objetivos. No importa cómo los partas ni el orden en el que lo vayas haciendo, si quieres lo puedes hacer por prioridades, lo puedes partir según la etapa del tiempo en la que estén tus problemas. Puede haber muchas formas de dividir esos problemas o situaciones para que avances y llegues a las metas y los objetivos que tú quieras y decidas.

Recuerda, toma decisiones en cada uno de los mini-retos que te vas a estar proponiendo. Avanza y logra triunfos paso a paso. Vamos paso a paso porque mientras más grande sea tu negocio, más situaciones de éstas vas a tener que enfrentar. Y si no sabes desde hoy partirlo en pedacitos y enfocarte en cada una de las áreas para después ver la meta u objetivo ya logrado, mientras más grande se haga tu negocio, más esfuerzo requerirás.

Actuando de esta forma vas a avanzar e irás creciendo con una metodología que te va a ayudar a resolver las situaciones, a resolver los problemas. Avanza, haz cosas grandes, haz cosas pequeñas, para que puedas comerte el bistec paso a paso.

El semáforo de la productividad

¿Cómo funcionan los colores de un semáforo? El rojo no te permite avanzar. El amarillo te dice que te apures porque está a punto de detenerte. El verde te indica que sigas adelante. ¿Cómo podemos utilizar este concepto tan sencillo del semáforo en nuestra vida diaria, en nuestro negocio? ¿Cómo podemos aprovechar el semáforo para ser más productivos?

Cualquier persona puede aplicar lo que a continuación te indicaré:

I. Definir cuáles de todas tus actividades son las que te van a producir ingresos o te permitirán avanzar hacia un objetivo específico.

II. Identificar todas las actividades que son necesarias de hacer y, sin embargo, no son tan productivas,

III. Definir todas las actividades que no te dejan nada productivo. Actividades que simplemente debes hacer para tu negocio, pero con las cuales no estás avanzando.

Las primeras actividades, las que te van a ayudar a avanzar o que te van a ayudar a producir ingresos, las vamos a mantener como actividades verdes. Las segundas actividades que decidiste que de cierta forma hay que hacer las vamos a identificar con el color amarillo. Las terceras actividades, las que no te producen nada, que no te ayudan a avanzar, sino que simplemente son actividades, ponlas en rojo.

¿Qu vas a hacer? Utilizaremos dos formas de trabajar: la primera es en tu calendario o agenda. Ahí, anota todas las actividades y todas las citas, juntas, reuniones, que engloben tu tiempo, colócales un color. Supongamos que el lunes de 10 a 11 de la mañana tienes agendadas tus llamadas para hacer citas para ventas, ponlas de color verde, porque es para avanzar, para producir. El mismo día lunes de 4 a 5 de la tarde vas a revisar cuestiones administrativas, ponles el color rojo, porque no estás avanzando, simplemente son cuestiones que debes hacer, pero no te están produciendo nada. A lo mejor de 5 a 6 de la tarde vas a hacer actividades de *marketing*, que te puedan ayudar a avanzar y las pones de color amarillo.

Llena tu calendario de las actividades que vas a hacer día a día y márcalo con colores para que de esta forma mires tu semana y te des cuenta de cuán productivo fuiste. Si tienes más rojos y amarillos que verdes, ten cuidado, ahí hay algo malo, no estás avanzando ni trabajando por las actividades que te van a producir ingresos, que te van a ayudar a avanzar hacia tus metas y objetivos.

Debes tener tu semana llena de verdes, entre más verde quiere decir que estás avanzando. Como te decía, esto lo puedes hacer de dos formas: marcando en tu calendario todas las actividades a realizar, o llevando tu libreta con la lista de actividades por hacer y que también las marques en esos tres colores, para que cuando revises qué tienes hacia adelante te des cuenta de cuáles serán los días productivos y los no tan productivos o desperdiciados.

No quiero que me malinterpretes en cuestión de que si haces cosas administrativas es un día desperdiciado o que no vale la pena. Claro que no, a veces es importantes hacerlas, pero no te enfoques en eso. Recuerda que uno de los puntos importantes es lograr delegar, que alguien más haga esas actividades que no te están ayudando a avanzar. Trata de que tu agenda personal esté siempre con actividades verdes.

¿Por qué utilizar los colores del semáforo? Primero porque ya sabes que el verde es avanzar, que el amarillo es que estás a punto de detenerte y que el rojo es detenerte; y segundo, porque de forma visual podemos localizar de manera más efectiva dónde están nuestras áreas de oportunidad y dónde podemos mejorar. Cuando le colocas color a las letras o recuadros captas de manera fácil si fueron días productivos o improductivos.

Utiliza el semáforo de la productividad para que seas más efectivo día a día y te ayudes a ti mismo a saber si tu próxima semana será efectiva o no tanto, para que te anticipes y comiences a cambiar las actividades que tienes hacia adelante y seas más productivo cada día.

Enfócate en soluciones, no en problemas

Hace varios años, cuando trabajaba para una empresa, uno de mis jefes me hizo cambiar la perspectiva de cómo veía las cosas. Un día en medio de un problema que había en la empresa quise contarle lo que estaba sucediendo y él, de buenas a primeras, me preguntó cómo lo había resuelto. Le dije que no había resuelto nada, que apenas le estaba avisando y me dijo que no fuera a contarle los problemas ni lo que estaba pasando, sino que le brindara soluciones.

Esa experiencia me cambió la perspectiva totalmente, porque él tenía razón, yo me estaba enfocando en avisarle a él y a todo el mundo que había un problema, en vez de ir directamente a solucionarlo. ¿Cuántas veces nos pasa eso? Es probable que conozcas a una persona que siempre está enfocada en los problemas, en lo negativo. A veces nosotros mismos somos esas personas negativas. No te lo permitas. No te permitas ser de esas personas que se enfoca en lo negativo todo el tiempo y que nada más está viendo la piedra en el zapato, en lugar de ver las posibilidades que hay.

Enfócate en las soluciones porque las soluciones te van a ayudar a avanzar, son las únicas que te harán caminar, crecer, subir el escalón hacia tu meta final. Si te enfocas en los problemas y fijas tu mente en las cosas que te están bloqueando y no te permiten avanzar, lo único que vas a lograr es hacer más grande esa situación. No digo que elimines el problema, no digo que evites verlo, pero sí te digo que vayas más adelante, enfoca tu mirada y tu objetivo más hacia adelante.

He conocido muchísimas personas que quieren hacer crecer su negocio y se están bloqueando con barreras que son tan pequeñas, pero ellos las han hecho grandes, y ahora su enfoque es que tienen ese problema. Siempre culpamos a un elemento externo: la economía del país, la economía mundial, que tu equipo no está bien capacitado, que no contrataste a la persona indicada y por eso tu negocio no crece. Esas personas siempre están viendo lo negativo.

Yo sé que te vas a enfocar en soluciones, en ese objetivo que tienes a lo lejos, que a lo mejor no sabes cómo lo vas a lograr, pero no te preocupes porque ya lo tienes establecido y ya sabes que vas en esa dirección. Hay que encontrar las opciones que tienes para avanzar y salir adelante. ¿Te has fijado cómo trabajan las hormigas? Cuando están todas avanzando en fila y de pronto les pones una piedra, primero se alborotan todas, pero casi inmediatamente empiezan a sacar la vuelta a la piedra, encuentran la solución a su problema en vez de pensar que la piedra está muy grande para ellas y regresarse. Se enfocan en lo que tienen que hacer para seguir avanzando hacia su objetivo.

Es lo mismo que yo te invito a hacer. No dudo que puedas tener muchos problemas, retos en tu vida, personales o profesionales, y que tu mente o tu mirada se está volteando hacia esos problemas que no has podido resolver todavía, pero cuidado. Entre más te enfoques en ese problema, uno, lo harás más grande, y dos, la solución no está en el problema. Enfoca tu vida, tu día y tus actividades cotidianas en las soluciones, en brincar esos problemas, en superar esas situaciones que tienes diariamente. A mí me gusta llamar a los problemas "retos", porque eso son: retos. Son posibilidades para avanzar y crecer.

¿Por qué te enfocas en el fracaso? ¿Cuántas veces has pensado en arriesgarte a hacer algo? Pero no te arriesgas pensando en que podría salir mal y te enfocas en ver todos los posibles problemas o bloqueos. Enfócate en lo positivo, en las soluciones, en lo que te hará avanzar. Puedes tener muchas situaciones a tu alrededor: personales, familiares, espirituales, de enfermedades, profesionales, que hoy te están complicando la vida. Todos las tenemos. Algunos retos son más grandes que otros, no lo dudo, pero si te enfocas en esos problemas enfócate en cómo solucionarlos para avanzar a través de esos retos, sobre esos retos o alrededor de esos retos.

Tú tienes la capacidad mental e intelectual para solucionar esos problemas. ¿Cuántas opciones hay para resolver ese problema que te agobia? Te aseguro que muchísimas, pero hay que volver simple nuestra vida. Hay que enfocarnos en lo que nos va a hacer avanzar, no en lo que nos está bloqueando. Mientras más atención le pongas a tus problemas, más grandes los harás.

¿Te has dado cuenta qué pasa cuando un niño quiere superar o brincar algo? Mientras más pequeño se lo hagas o le digas hasta dónde tiene que llegar, para él será más fácil. Lo mismo sucede con nosotros, pero nosotros mismos decidimos hacia dónde nos enfocamos, si nos enfocamos en los problemas y situaciones, o esas situaciones las convertimos en retos y nos enfocamos en cómo solucionarlas y salir adelante.

Tú decides. Te invito a que todo lo que hagas en tu vida personal o profesional lo enfoques a las soluciones, en ir hacia donde quieres llegar. No te detengas por situaciones complicadas, sigue avanzando. Mientras estés enfocado en solucionarlo y mejorar tu vida va a ser más fácil, más satisfactoria y tu crecimiento será grandísimo.

Enfócate solamente en lo que depende de ti

Existen dos tipos de metas: la meta final y la meta de desempeño. ¿Cuál crees que sea la diferencia entre estos dos tipos de metas? Si pensaste que la meta final es lo que quieres y la meta de desempeño son los pasos para lograrlo, estás en lo correcto. Sin embargo, hay algo más que diferencia una de la otra: la meta desempeño sí depende 100 % de ti, la meta final no depende 100 % de ti.

Imagínate que hay un corredor profesional de 100 metros planos que dice: "Yo quiero ganar la medalla de oro en las próximas Olimpiadas". Su meta final es la medalla de oro. Sin embargo, te pregunto, ¿depende sí o no 100 % de él ganar la medalla de oro? Pues no, no depende 100 % de él, porque si el competidor de al lado corre más rápido, pues no logrará su objetivo de ganar la medalla de oro.

Ahora, ¿qué crees tú que sí depende 100 % de él en este caso? Lo que sí depende de él es el tiempo que pueda hacer, ya que no puede controlar qué tan rápido o qué tan lento corren los demás competidores. Lo que sí puede controlar es el tiempo en el que va a correr él, en cuánto tiempo correrá los 100 metros planos. Supongamos que el récord mundial sea de 9 segundos, entonces, debe correr por debajo de los 9 segundos para poder llevarse la medalla de oro. Sin embargo, aún corriendo por debajo de los 9 segundos, es posible que el corredor de al lado se lleve la medalla de oro y que no la gane. Entonces, la medalla de oro que es su meta final no depende 100 % de él, sin embargo, el tiempo que haga sí depende 100 % de él.

Enfócate en las cosas que sólo dependan 100 % de ti. ¿Por qué? Cuando nos enfocamos en cosas que dependen de nosotros, las controlamos, le podemos dar seguimiento, podemos hacer que sucedan o no. Dependen de nosotros 100 % cuando te enfocas en metas finales, en cosas que no dependen 100 % de ti, ahí es cuando empieza el problema, el estrés, la inseguridad, los miedos, las creencias limitantes, etcétera. ¿Por qué? Porque no las podemos controlar. Y si no podemos controlar nosotros una situación, definitivamente no vamos a poder sentirnos en control, y no tendremos tranquilidad y seguridad de obtener eso que queremos. Entonces, enfócate en lograr metas de desempeño que por consiguiente pueden lograr tus metas finales.

Te daré otro ejemplo. Yo trabajo mucho con vendedores que laboran en la compañía de seguros Monterrey New York Life, en México. En esa compañía, a los primeros 25 lugares de ventas a nivel nacional les llaman Gran Diamante, y muchos de mis clientes me dicen: "quiero ser Gran Diamante, quiero estar dentro de los 25 vendedores, asesores de seguros más importantes y que más venden en la compañía este año". Perfecto, pero te vuelvo a hacer la pregunta ¿depende de estas personas el estar dentro de los primeros 25? No depende 100 % de ellos porque puede haber otros 25 que vendan más, que se capaciten y preparen más. Ahora, ¿cómo trabajo con ellos? Nos enfocamos en lo que sí depende totalmente de ellos. Nos enfocamos en ver ¿cuánto vendió el lugar 20?, ¿el 15?, ¿el 10? ¿Cuánto vendieron? Nos enfocamos en lograr este año ese monto o más y lo más probable es que vayan a ser Gran Diamante. Sin embargo, todavía está la posibilidad de que haya otros 25 que vendan más que ellos, por eso los enfoco en lo que sí depende 100 % de ellos.

"¡Espera!, eso no depende 100 % de mí, porque si los clientes me dicen que no, si no tienen dinero", puede decirme uno de ellos. Pero de igual modo, yo insisto que puede buscar más clientes, más llamadas, hacer más citas, y eso sí depende de él. Entonces, sí dependerá de la meta que se proponga para estar dentro de los primeros 25.

Ahora, si me dice "logré mi meta, logré vender lo mismo que vendió el número 20 el año pasado; pero hubo otros 25 que vendieron más", puede que haya cierta incomodidad, pero el vendedor logró su meta, logró lo que dependía 100 % de él, lo demás no lo puede controlar.

Enfócate en lo que controlas, en lo que te da certeza y ahí eliminas de toda preocupación. Porque si lo vas a lograr o no depende de ti, de tu voluntad, de tus razones, de tu estrategia, de los valores que haya detrás de tus metas. Va a depender solamente de cosas tuyas y así es como lo puedes lograr.

Está también el ejemplo de un dueño de negocio, un emprendedor que tiene gente a su cargo que dice, "yo le echo ganas, pero mi gente no, no me sirve". Para empezar, él decide quién entra o no a su empresa. En ese caso, habría que mejorar los procesos de selección. Segundo, ya que tiene ese personal, él decide cómo va a motivar e inspirar a la gente para que trabaje mejor y también va a definir los reportes o las metas que les pondrá para esas metas se cumplan. Que su empresa crezca no depende de él al 100 %, pero sí depende de él hacer algo concreto para mejorar el rendimiento de su equipo.

Enfócate en eso que sí puedes hacer, que sí depende 100 % de ti, y te aseguro que vas a lograr mover a las personas que están a tu cargo. Pero si no haces nada por capacitarlos, motivarlos, si no inviertes en ellos en compartirles libros, programas, cursos, si no desarrollas para ellos un plan de carrera, si no haces que definan sus metas, obviamente no esperes que vayas a lograr los resultados que quieres, y si sí lo lograste a pesar de que no hiciste nada de eso, ¡felicidades!, eres un caso de éxito diferente.

Elimina ese estrés, esa sensación de que no puedes controlar algo enfocándote en metas de desempeño, enfócate en lo que sí depende 100 % de ti, en lo que puedes controlar. Te aseguro que vas a reducir sustancialmente el estrés, la inseguridad, el miedo y la desconfianza. Porque depende 100 % de ti.

Espero que a partir de hoy pongas tus metas y definas cuáles son las que dependen 100 % de ti, para que te enfoques en ellas, y así logres todo lo que quieres. Haciendo esto, eliminarás el estrés en el camino para lograr tus metas y tus objetivos.

La libretita de la productividad diaria

Una noche de hace algunos años no podía dormir, tenía muchos pendientes en mi mente que no me dejaban descansar, pensaba en ellos en lugar de dormir y descansar toda la noche. Por ese tiempo solía levantarme en la noche con una idea, pensando en los pendientes y situaciones diarias. Pero esa noche recordé algo que me había recomendado uno de mis mentores años atrás: "Ten una libretita a tu lado, siempre tenla contigo. Cuando no puedas dormir escribe todas las ideas que te vengan a la cabeza, los pendientes, las preocupaciones, y verás cómo las descargas".

Me sorprendí cuando vi que después de escribir los pendientes, podía dormir, me permitía descansar. Ahora, este sencillo paso se le recomiendo a mis clientes particulares siempre que tienen ese tipo de problemas.

Esta libretita puede servirte en cualquier situación, no solamente al momento de dormir. Te daré cinco ideas de cómo puedes utilizar la libretita de la productividad:

1. Para escribir actividades diarias y lograr mayor productividad

2. Para anotar rápidamente ideas

3. Para dormir por las noches

4. Para escribir frases motivadoras que te inspiren

5. Tener a la mano tu meta en ingresos mensuales u otros objetivos

La libretita de la productividad me ha servido a mí y a varios de mis clientes a ser muchísimo más productivos en diferentes aspectos. En este capítulo conversaremos sobre cinco opciones para utilizar la libretita diariamente. Debe ser una libreta muy pequeña para que la puedas llevar en tu bolsillo.

1. Para escribir actividades diarias y lograr mayor productividad

Escribe diariamente tus actividades más importantes del día y dentro de esas actividades, escoge las dos más importantes, las que te representan el 80 % de los resultados. Día a día puedes escribir en esta libreta las actividades más importantes que te van a ayudar a hacer crecer tu negocio.

Todas las mañanas, en tu casa u oficina, haz esa pequeña lista, e incluso la puedes hacer una noche antes con las actividades importantes del siguiente día para que cuando te levantes estés enfocado en esas tareas que debes resolver.

A medida que vaya transcurriendo el día, irás tachando las actividades que ya lograste. Tachar las actividades que vas logrando es muy productivo porque sientes que vas avanzando. En cambio, cuando tienes todas las actividades en la mente no sabes si realmente estás avanzando o no, trabajas sin parar y no te das cuenta de lo que lograste.

2. Para anotar rápidamente ideas

Sucede que de pronto vas caminando y se te ocurre una idea que te parece muy buena, anótala en tu libreta inmediatamente, porque es posible que si lo dejas para después se te olvide.

Tenemos tantos pendientes y distracciones durante el día, sobre todo en la actualidad con la tecnología, que nos desenfocamos y olvidamos las cosas. Si se te ocurre una buena idea, anótala inmediatamente porque quizá esté relacionada con lo que quieres hacer de tu negocio. A lo mejor es una idea que tiene que ver con algún prospecto a quien puedes llamar por teléfono y que antes no se te había ocurrido, o te acordaste de algo importante. Anota todo y verás que cuando la estés revisando vas a ser más productivo, esas ideas te van a ayudar a mejorar día a día.

3. Si no puedes dormir por las noches, anota en la libreta

Descarga todo lo que tengas en la mente, ponla en blanco y negro. De esa forma tu mente va a descansar. Haz este ejercicio por las noches para que tu mente no esté recordándote constantemente lo que debes hacer y por eso no descansas. Si lo anotas, tu mente sabrá que al revisar la libretita estarán todos los pendientes ahí.

4. Para escribir frases motivadoras que te inspiren

Cuando veas una frase que te motive, que te inspire, anótala en la libretita para que la recuerdes. Ahí la podrás leer siempre y el día te va a cambiar, porque son frases que te impactan, te mueven a seguir adelante, así trabajarás mejor y serás más productivo.

5. Tener a la mano tu meta en ingresos mensuales u otros objetivos

Escribe tu meta de ingresos mensuales o tu meta de kilómetros que quieres correr al mes para lograr el maratón. ¿Cuál es tu meta mensual? Escríbela todos los días en todas las páginas para que tu enfoque hacia ese objetivo sea muy fuerte y cada vez que veas la libreta te encuentres con esa meta.

Sea cual sea la actividad que realices, usar la libretita te ayudará a ser más productivo.

La regla 80/20 de la productividad

La productividad es primordial para tener mejores resultados, ser más eficientes y lograr lo que queremos con mayor rapidez. No por nada las conferencias y capacitaciones de productividad son algo muy requerido en el mercado, porque una empresa sin productividad puede perder o dejar de ganar muchísimo dinero. Y tú, que eres un emprendedor, dueño de negocio y quieres hacerlo crecer debes enfocarte en ser productivo con tu tiempo, con tus ventas, con tus clientes, con tu día, ser productivo también en cuestiones familiares y personales. Tantas veces perdemos el tiempo en cosas que no son productivas. Y no estoy hablando solamente de las actividades que nos quitan tiempo como las redes sociales, hablo también de las actividades administrativas que te bloquean para crecer.

Es muy fácil enfocarnos en actividades que no son productivas, porque ahí podemos dar muchas vueltas y no pasa nada, y además no nos invita a actuar, a retarnos a hacer cosas distintas para generar mayores ingresos, para hacer crecer nuestro negocio, para obtener nuevos clientes.

Seguramente has escuchado a muchas personas, e incluso a mí, hablar de la regla 80/20. Es una regla que se aplica a muchos casos. Uno de ellos es en el que ese 80 % de nuestra productividad está basado en la psicología, en lo que creemos que somos capaces de lograr y solamente el 20 % en el conocimiento. Ahora yo te pido que pienses en la productividad en tiempo. Si quieres ser productivo y que tu día sea realmente eficiente debes enfocarte en el 20 % de las actividades que te producen el 80 % de los resultados positivos.

Te explico cómo hacerlo: imagínate que tienes 10 actividades que hacer durante el día y todas son importantes. Lo que debes hacer es enfocarte en sacar por lo menos las dos actividades más importantes de tu día. Las actividades más importantes son aquellas que te van a producir más resultados, como generar nuevos clientes, más ingresos, hacer crecer tu negocio, siempre que vaya enfocado en tus metas personales o profesionales.

Haz una lista con todas las actividades por hacer durante el día, pero enfócate en el 20 % del total de esas actividades. Si te enfocas en generar o lograr esas actividades que te van a producir resultados importantes, luego harás el resto, pero ya te enfocaste en ese 20 % que te produce mejores resultados. Por eso la regla 80/20 funciona muy bien en diferentes aspectos, porque nos permite enfocarnos en lo productivo, en lo que nos va a hacer ser mejores empresarios, dueños de negocio y, sobre todo, lo que nos va a generar mayores ingresos.

Tal vez pienses que tienes muchas cosas por hacer como para solamente enfocarte en ese 20 % y estoy de acuerdo, pero haz eso primero porque eso te va a generar los resultados que quieres, te va a ayudar a acercarte a las metas que ya te planteaste y que quieres lograr. Si estás cerca de esas metas, seguramente te estás enfocando en el 20 % de las actividades que te producen el 80 % de los resultados positivos. Si estás lejos, seguramente te estás enfocando en el 80 % de las actividades que te producen sólo el 20 % de los resultados positivos.

No te sientas mal, es algo que a todos nos pasa. A veces el día a día nos abruma con tantas actividades que tenemos que hacer. Hoy en día la tecnología nos da las posibilidades de hacer tantas cosas a la vez y hacemos solamente el 80 % de las cosas que nos producen el 20 % de los resultados positivos.

Pregúntate: ¿Qué haré a partir de hoy para cambiar eso, para enfocarme en ese 20 %? Es muy sencillo, de tu lista de diez actividades elige las dos más importantes y enfócate en ellas. ¿Ya las lograste? Pues entonces define las otras ocho también por importancia, pero enfócate en ese 80/20. El 80/20 de todo lo que te va a producir mejores resultados, crecer, superarte. Haz la prueba, revisa cuáles de tus actividades son las más importantes.

Piensa bien y te aseguro que no vas a complicarte para encontrar esas actividades que van a producir resultados muy positivos. Ya sabes cuáles son, sólo que a veces nos da pereza, no queremos actuar, no sabemos cómo actuar y dejamos esas actividades productivas-positivas para después. El problema es cuando "después" llega y dices que las haces después. Es un círculo vicioso y finalmente terminas haciendo las ocho actividades que no son tan productivas.

Revisa bien tus días anteriores y fíjate en qué te has enfocado. Si vas bien con tus metas seguramente te estás enfocando en lo que realmente te permite avanzar hacia tus metas y objetivos. Sucede lo mismo en tu vida personal, si quieres recuperar tu personalidad, estar mejor físicamente ¿cuáles son las dos actividades o acciones que debes hacer? Aquellas que te produzcan los resultados más positivos.

Dicen que la alimentación representa el 80 % de si recuperas tu peso ideal o no te va bien con tu cambio de alimentación. El ejercicio representa solamente el 20 %. Hay muchas personas que se quejan de no poder bajar de peso porque no tienen ejercicios y no tienen tiempo ¿qué les preocupa? El 80 % de los resultados positivos está en la alimentación, entonces ¿en qué te vas a enfocar tú? ¿Cuáles son las actividades más productivas que te van a generar mejores resultados? Te pido que lo hagas, enfócate, haz una lista y toma el 20 % de esas actividades.

La semana ideal

En este capítulo te explicaré qué es la semana ideal. ¿Cómo la puedes hacer? ¿Cómo funciona? ¿Y por qué funciona tan bien? Además, te pediré que no la dejes para que obtengas todo lo que te has propuesto, si siempre buscas hacer tus actividades tal y como las quieres, por eso te va a ayudar la semana ideal.

¿Qué es la semana ideal? Es muy sencillo. Dentro de tu vida laboral y personal, ¿cómo debe ser tu semana? ¿Cómo quieres que sea tu semana para que sea muy productiva? Que el 80 % del tiempo lo estés enfocando en actividades que te produzcan más ingresos, más ventas, más productividad, dependiendo de lo que hagas, dependiendo de tu negocio; la semana ideal funciona para eso, que el 80 % lo utilices en productividad.

¿Cómo lo haremos? En una hoja traza un calendario semanal, de lunes a domingo, puedes también imprimir uno que hayas bajado de internet. Una vez que lo tengas, empieza a definir tus actividades más importantes. ¿Cuáles las actividades más importantes que te van a producir resultados extraordinarios? Distribúyelas por horas.

Supongamos que tienes un negocio en el que tú eres el motor, necesitas vender tus servicios, ¿cuáles son tus actividades más importantes? Obviamente vender, estar en constante contacto con clientes o prospectos. Una de las áreas más importantes es hacer tus llamadas. ¿En qué horario las harás? Elige por ejemplo los lunes de 10:00 am a 12:00

pm. ¡Perfecto! Bloquea el tiempo, haz una burbuja para realizar esas actividades importantes. Ahora agregas otro día para hacer llamadas: el miércoles y defines los horarios. Piensa qué otras actividades importantes debes hacer, define un horario y asegúrate de concentrarte para realizar esas actividades. Coloca todo tal como lo quieres, organízalo todo en tu horario y cúmplelo a cabalidad. Siempre prioriza lo más importante primero, incluso pon ahí a qué hora tendrás tus comidas, todo lo que sea importante. Ya que definas tu semana ideal, sabrás cuándo harás tus llamadas, tendrás las actividades en una burbuja de tiempo, ahí nadie te va a molestar. Te sugiero que designes las horas que dedicarás a tus clientes, porque recuerda que eres tú quien maneja tu agenda, no tus clientes.

Ahora, ya que tengas tu semana ideal, define la prioridad de las actividades con colores: rojo para lo más productivo, verde para lo que le sigue y así por importancia, aunque si pudieras colocar la productividad en verde sería excelente, porque normalmente nuestra mente percibe el verde como un "siga", como algo positivo. Entonces, ya teniendo tu semana ideal ¿qué vas a hacer? Simplemente te vas a basar en ella en tu planeación por semanas.

¿Por qué digo semana ideal? Es común que las cosas no salgan como queremos, siempre hay una cita extra, una llamada de un cliente, siempre hay algo que nos puede distraer o nos puede cambiar los planes. Pero no importa, si tienes una actividad ya destinada para cierto horario y la cambias por algo, sabes que esa actividad la tienes que mover a otro día y si no tienes espacio, sabes que lo debes hacer en cada horario de cada día.

A las personas que no son tan estructuradas y que no se atreven a hacer la semana ideal, siempre les pregunto quién decide su semana ideal, obviamente ellos. Es importante que sepas que eres tú quien decide tu semana ideal, tú estás definiendo cuándo y qué momentos son los mejores para ser productivo, para hacer crecer tu negocio, para hacer crecer las ventas.

La semana ideal, sirve para que enfoques en las actividades productivas de tu negocio, así no dejarás de hacer las cosas importantes que no son urgentes, como ya hemos visto en otros capítulos, que son las que hacen que tu negocio crezca. Te quedará tiempo para las actividades estratégicas. Tus actividades importantes quedarán marcadas y si no las haces te vas a sentir mal, y con eso ya ganamos, porque tomarás consciencia de lo productivo o no que estás siendo semanalmente.

Coloca todo en tu agenda, incluye todo, créeme que vas a empezar tu semana con una claridad, una tranquilidad asombrosa, vas a tener seguridad y control total en tus quehaceres, actividades importantes no urgentes. Tu semana ideal es básica para que tu negocio crezca.

Si es necesario puedes replantear actividades como lo haces ahora con medios electrónicos, teléfonos o computadoras, ¡hazlo también! Funciona perfecto, puedes personalizarlo también sencillamente, no tiene por qué estar en papel. Semana a semana puedes usar la misma plantilla y sólo vas modificando donde sea necesario.

Recuerda que la productividad de una empresa se mide, precisamente, en los índices clave de productividad.

Esos índices clave son las actividades más importantes que te van a producir resultados extraordinarios, son las primeras que debes de poner. ¿Por qué? Si no colocas esas actividades primero, ya no cabrán después, por consiguiente, te excusarás y lo pospondrás. No permitas que eso suceda, no dejes las cosas para último momento, con una herramienta tan sencilla como definir tu semana ideal no se te van a dificultar tus actividades, estarás mucho más enfocado en lo que sí quieres lograr y obtener de tu negocio, de tu actividad diaria o semanal. Si usas la semana ideal aumentarás tu productividad, para ser mejor y, obviamente, aumentar tu éxito.

Espero que este capítulo ayude a que administres mejor tu tiempo, tu día, tu semana; que la apliques en tu vida profesional y personal. Te deseo mucho éxito.

Cómo superar el miedo a vender

"Una de las cosas a la que más miedo tengo es a vender, a hacer el famoso cierre, ¿cómo le hago?", fue una pregunta que me hizo uno de mis clientes particulares que se dedica a las ventas. Además me dijo, "de mis principales miedos es llegar al momento del cierre, el miedo a vender, me aterra el momento que ya tengo que hacer el famoso cierre." Para tratar de ayudarlo le hice cinco preguntas muy sencillas que automáticamente cambiaron su forma de ver las cosas.

1. ¿Confías en tu producto?

Mi cliente me respondió que sí, que era un producto maravilloso que ayuda a la gente para su futuro, "¿entonces, les estás haciendo algún daño a tu prospecto?", le pregunté y me respondió que no. Entonces, ¿a qué le temía si estaba haciendo un bien?

Si confías en los beneficios de tu producto o servicio, le estás haciendo un favor a tu prospecto. Ahora, si no confías en los beneficios, ¿qué estás haciendo vendiendo ese producto o ese servicio? Haz otra cosa, porque si no confías en lo que vendes, ¿cómo lo vas a vender? Si yo no confío en el *coaching* y en las conferencias que doy, ¿cómo lo voy a "vender"? ¿Cómo voy a pararme en frente de cientos y miles de personas a dar una conferencia si no confío en lo que estoy diciendo, en los beneficios que le voy a dar a las personas? Si no confías en que tu producto o servicio es bueno, vende otra cosa, cámbiate.

2. Pregúntate a ti mismo, ¿qué es lo peor que puede pasar si te dicen que no?

Sí, lo sé, lo he dicho muchas veces, lo peor que te puede pasar es que te quedes igual. El mismo "no" que tenías antes de hablarle a ese prospecto, lo vas a tener si te dice que "no", y eso es lo peor que puede pasar.

"Me preocupa que piensen algo malo de mí", dice mucha gente. ¿Por qué van a pensar algo malo si les estás ofreciendo un buen producto o servicio? Recuérdalo, vender es la transferencia de emociones, es la actividad más vieja del hombre, empezó con los trueques, intercambio de un producto por otro. Entonces pregúntate a ti mismo, ¿qué es lo peor que puede pasar? Te aseguro que eso va a reducir el estrés o el miedo a vender.

3. ¿Te parece bien este producto?

Hazle las siguientes preguntas a tu cliente: "¿te parece bien este servicio? ¿Te gusta este producto? ¿Te gusta este servicio?". Si te dice que sí, ¡ya avanzaste! No le harás ningún mal, ¿cierto?

4. ¿Este producto o servicio es de beneficio para tu familia?

Si tu cliente te responde que sí ¡excelente!, ya obtuviste más beneficios. Tu cliente te está diciendo que sí le importa y sí tiene beneficio para él. Entonces, no le harás ningún mal, lo estás ayudando. Y, ¿a quién no le gusta ayudar a las personas? A todos nos gusta ayudar de una u otra forma, y si con tu producto o tus servicios puedes apoyar a una persona ¡extraordinario!

Yo me encuentro mucho con asesores de seguros, personas que venden bienes raíces o personas de multinivel con muchos beneficios. Si estás beneficiando a la otra persona y te lo confirma al responderte esa pregunta, vamos a apoyar a más personas en el mundo con nuestros productos o servicios.

5. ¡Ahora sí!, es momento de abrir ese nuevo negocio

He mencionado la palabra "cierre", que a veces nos da miedo, ¡ya es el momento del cierre! Esa palabra nos da un miedo impresionante, porque desde un principio te dicen que el cierre es el momento más importante de la venta. ¿Cuántas veces hemos escuchado eso? Si es tu caso, cambia la palabra "cierre" por la palabra "apertura". Tómalo como la apertura de un nuevo negocio, o el inicio de una nueva relación con tu cliente. Qué diferente se escucha ¿no? Automáticamente cambia eso en tu mente, va a cambiar para ti, para tu prospecto y para tu bien.

Ojalá que este capítulo te ayude a superar el miedo a vender. Estos sencillos tips te pueden ayudar muchísimo para que avances cada día más, olvídate del miedo a vender, eso sólo va a detener el crecimiento de tu negocio, tu empresa o tus ventas. Si repites que tienes miedo a vender, lo único que sucederá es que no vendas o vendas muy poco.

Las preguntas para perder el miedo a vender son:

1. ¿Confías en tu producto?

2. Pregúntate a ti mismo, ¿qué es lo peor que puede pasar si te dicen que no?

3. ¿Te parece bien este producto?

4. ¿Este producto o servicio es de beneficio para tu familia?

Y el paso final es:

5. ¡Ahora sí!, es momento de abrir ese nuevo negocio.

¿Por qué escuchar te ayuda para vender más?

Recuerdo perfectamente que hace un tiempo una persona vino a ofrecerme servicios de páginas web, no me dejaba hablar, me contaba los beneficios de su producto y su experiencia en el mercado, me decía cómo iba a hacer, pero jamás me dejó explicarle qué quería para mi página. Tanto habló que me desesperé y le pregunté: "¿De qué se trata, que tú me vendas o que yo te compre lo que necesito?".

Es lo que pasa a muchos vendedores, los capacitan tanto en ofrecer el producto o servicio, que olvidan lo más importante: escuchar a su prospecto. Ahí está la clave, escuchar ayuda a vender muchísimo más. Lo que pasó con la persona que me visitó para ofrecerme el servicio de páginas web fue que yo le exponía mis dudas y él me respondía con otra cosa, ni siquiera escuchaba las preguntas o lo que yo le decía que quería. Él pensaba en que me iba a decir, en lugar de escucharme y responder a mis dudas.

Que no te pase a ti eso, en las palabras de tu prospecto está la clave para ofrecerle realmente lo que quiere. Quizá si esta persona me hubiese escuchado, me habría ayudado, pero simplemente no me escuchó.

¿Qué quieres tú, vender o hacer tu presentación? A partir de hoy, cada vez que vayas con un prospecto o un cliente, a quien le vayas a ofrecer un negocio de cualquier tipo, piensa en la pregunta: "¿Por qué escuchar me ayudará a vender más?

Veamos cinco puntos que justifican que escuches a tus clientes. Cuando escuchas a una persona, ésta te puede dar muchas ideas, qué quiere, qué necesidades tiene y ahí encontrarás los puntos para venderle.

1. Porque puedes encontrar las necesidades de esa persona

Cuando escuchas con atención estás enterándote qué le duele, qué siente, qué piensa, qué necesita. No ofrezcas lo que tienes, ofrece con base en sus necesidades. Las personas compran por sus propias necesidades, no por las tuyas.

Escucha activamente a tu cliente, ¿por qué digo activamente? Porque no es lo mismo estar oyendo a la persona y pensando qué le vas a decir, que escucharla activamente para saber qué le vas a responder. Una vez que lo escuches, puedes abordar tu producto o servicio en la forma que esta persona lo necesita.

2. Porque permites que el prospecto o el cliente se desahogue

Es impresionante cómo las personas tenemos cosas dentro y nos desahogamos con quienes menos esperamos, incluso con un vendedor. Liberamos el estrés y la tensión a través de la plática.

Permitir que tu cliente se desahogue y libere su estrés es bueno para ti porque va a bajar la guardia y ahí tú presentas tus productos o servicios.

3. Porque escuchar genera confianza

¿Te ha pasado que algún familiar o amigo habla más en una conversación, y después te dicen "gracias por escucharme?". Y tú piensas "pero no te dije nada, ni te ayudé". A mí me pasa muchísimo en el *coaching*, algunos clientes me dicen: "Wow, no sabes cómo me cambiaste la vida en esta sesión, estuvo buenísima". Y la verdad es que yo participé el 20 %, el 80 % lo hizo la persona. Escuchar genera confianza, porque cuando una persona te cuenta algo, ya tienes una parte de él o ella contigo. ¿Recuerdas cuál es el principal factor de compra?, la confianza.

4. Porque te permite conocer más a la persona

Cuando escuchas a tu cliente, no solamente consigues las necesidades que vimos en el segundo punto, sino que además te permite saber cómo piensa, si es una persona auditiva, visual o kinestésica. Hay tantas técnicas para abordar a los clientes de acuerdo a sus características. Permitir que hablen te ayudará a saber qué sentimientos o sensaciones tienen. Escucharlo te dará mucha información, así no le presentarás un producto negro porque previamente supiste que el negro le provoca tristeza. Todo lo que te cuente te dará información que puedes aprovechar para apoyarlo de mejor forma.

5. Por algo tenemos dos orejas y sólo una boca

La naturaleza nos dice que debemos escuchar más y hablar menos. Escucha más de lo que hablas, no solamente en ventas, en ofrecer un negocio, en ofrecer un producto, sino en todo lo que hagas. Cuando estés con tus amigos, con familiares, gente cercana a ti, escucha más de lo que hablas, porque créeme que es realmente relajante cuando alguien verdaderamente te escucha.

Vende oportunidades, no productos

El tema de este capítulo está especialmente dirigido a los emprendedores, empresarios, vendedores independientes o a las personas que simplemente quieren vender, sea lo que sea. Ahora, ten en cuenta que no tiene que tratarse de un producto o servicio, puede ser la imagen, puede ser que vas a hacer una buena cena y cómo vas a venderla, para que la gente se apasione y haga esa transacción y tú puedas entregar lo que estás ofreciendo.

Vende oportunidades, no productos. La mayoría de las personas, ya sean vendedores o empresarios, se enfocan en vender productos o servicios, pocos son los que se enfocan a vender oportunidades. Debes enfocarte en qué le vas a solucionar a tu prospecto o a tu cliente con tu producto o servicio.

No sé qué producto o servicio ofrezcas, sin embargo, si llegas con una persona a ofrecerle un producto o un servicio, muy probablemente la persona no te hará caso, te dirá que está ocupado, que no tiene tiempo, etcétera. Porque todos tenemos nuestra mente y nuestro enfoque en otra cosa. Te aseguro que en el 99 % de los casos no tienen la mente en tu producto o servicio.

Ahora, si tú en lugar de vender, propones una oportunidad para invertir, mejorar o hacer crecer un negocio, una oportunidad para lo que sea, todo cambia, porque ahí ya estás volviendo interesante ese producto o servicio.

Imagínate que hay una ciudad que requiere terminar un puente para cruzar del lado A al lado B porque en algún momento ese puente se averió, se cayó y no hay cómo cruzar de un lado al otro. ¿Qué es lo que quiere la persona que va a contratar a quien resuelva esa situación? ¿Está buscando acero, cemento, madera? ¿Qué está buscando? Está buscando la solución para que las personas de esa ciudad pasen del lado A al lado B y del lado B al lado A, eso es lo que está buscando, una solución a su problema.

Si tú llegas diciendo que tienes un material muy resistente o lo que sea, es un producto, habrá otro vendedor que ofrezca un material también resistente o más resistente que el tuyo. Ahora, aquí en lo que te debes enfocar es en ofrecer oportunidades, decirle a la persona que encontrará al proveedor: "Yo te ofrezco la oportunidad de hacer solucionar lo más rápido posible para que la gente empiece a cruzar. Aparte, te lo voy a reforzar con estos productos que te van a dar la garantía de que jamás te va a volver a suceder esto". Ya le estás dando la oportunidad de que la gente cruce de un lado a otro.

¿Qué les vas a ofrecer tú a tus clientes o a tus prospectos? ¿Soluciones o productos? ¿Oportunidades o servicios? Si tú vendes un servicio financiero, llegas con un prospecto de cliente, le explicas los servicios financieros, le das mucha información que ni conoce, por más que le expliques no lo va a entender porque tú dominas la información de los servicios financieros y ella no.

Pero si te presentas con la oportunidad de ayudarlo a hacer crecer su dinero, a que tenga un retiro sin problemas económicos, será otra historia. ¿Qué oportunidad le ofreces a ese cliente o prospecto?

¿Cuál es la diferencia entre vender productos y vender soluciones? El mismo producto te va a solucionar algo, pero si te enfocas en el producto, en lugar de enfocarte en lo que soluciona ese producto, es más sencillo que te digan que no, que no les interesa. En cambio, si llegas con una persona, volviendo al tema de productos financieros, y le dices "te ofrezco la oportunidad de invertir y ganar un 20 % más de intereses anuales", seguramente te va a decir "a ver, ¿cómo está eso?". Ya hiciste que se interesara en tu producto.

Lo anterior es muy diferente a decirle "traigo unos servicios financieros aquí, unos productos, ¿te los podré mostrar?". Seguramente te va a decir que está ocupado, pero si te enfocas en las oportunidades y en las soluciones, todo cambia.

Yo lo hago con mis clientes, por supuesto. Cuando viene a una cita un prospecto o alguien con quien hablo ya sea por Skype o físicamente y quieren aumentar sus ingresos o quieren vender más o mejorar su negocio, yo no les explico qué es el *coaching*, cómo funciona, qué herramientas voy a utilizar para ayudarlo, no les explico eso, eso se los explicaría después. En lo que me enfoco es en darles la oportunidad de crecer su negocio, de mejorar tu vida, de lograr esa meta que siempre han querido, aterrizar esos sueños que tienen en mente. Esas son las oportunidades que yo les ofrezco a mis clientes, la oportunidad de mejorar como persona o como empresario, dependiendo de lo que necesite.

¿Y cómo logro saber qué quiere? Obviamente haciendo preguntas, investigando, indagando qué está buscando esta persona. "Ya me di cuenta de que está teniendo una situación en la que quiere crecer las ventas de su negocio". Perfecto, ¿qué le voy a ofrecer? ¿*Coaching*? ¿Herramientas muy buenas que yo conozco de *coaching*, gracias a la capacitación que he tenido por años? ¡Por supuesto que no! Yo le voy a ofrecer mi apoyo para que él logre más ventas en su empresa.

Claro que lo voy a hacer con capacidad, con lo que yo sé, con lo que me he certificado y toda mi experiencia, eso lo voy a utilizar al momento de apoyar a esta persona, pero no le vendo *coaching*. Pasa lo mismo con una empresa que quiere una conferencia, yo no le vendo una conferencia, le vendo una solución: "voy a lograr que tus vendedores cambien la mentalidad para que sean más exitosos y para que tu empresa obtenga más ingresos".

"¿De qué vas a hablar, Ricardo? No me importa, pero yo quiero que mis vendedores se enfoquen en vender más, que cambien su mentalidad, que sean más positivos, que tengan una mejor actitud. Eso que me estás diciendo, eso es lo que quiero", me diría un cliente. Perfecto, ¿cómo lo hago? A veces ni me preguntan.

Entonces, ¿qué oportunidades le vas a ofrecer a tus prospectos? Soluciónale las cosas, soluciónale algo, ahí es donde está la oportunidad. Recuerda que la gente compra soluciones, no productos o servicios, compra soluciones y compra las cosas que quiere comprar, no solamente las que necesita.

Haz preguntas, éstas te van a dar mucha información de qué ofrecerle o cómo ofrecerle tu producto o servicio a tu prospecto. Vamos a suponer que vendes plumas, vendes unas plumas muy bonitas que tienen muy buena calidad y que garantizas que la tinta no se les acabará en cinco años. Llegas con tu prospecto y no le vas a decir "mira qué bonitas plumas, tengo unas plumas muy bonitas". ¿Y luego? Él te responderá, "mira yo aquí tengo otra pluma, es bien barata y no sé ni dónde la conseguí, seguramente a alguien se le olvidó y aquí la dejó".

¿Qué le vas a ofrecer? ¿Le ofrecerás la oportunidad de que siempre va a poder firmar un contrato importante para hacer crecer su negocio? ¿O que los próximos cinco años no tendrá que preocuparse en ningún momento porque no tenga tinta para firmar sus documentos importantes? Éste es sólo un ejemplo de qué le vas a solucionar.

De ahora en adelante, en vez de vender productos, enfócate en vender soluciones, enfócate en vender oportunidades de lo que tú vendas, de lo que tú tengas en tu empresa. ¿Qué vendes? ¿Qué servicios, qué productos manejas? Piensa un poquito, ¿qué problemas, qué situaciones le soluciona ese producto o servicio a tu prospecto? Si das en el clavo, si das exactamente en lo que necesitan tus clientes, eso es lo que debes mercadear y promover.

Eso es lo que debes decirles a tus prospectos cuando estás en tu cita, qué le vas a solucionar, porque así se sentirán relajados o aliviados de que su problema está solucionado. La solución podrá ser una pluma o un vehículo, lo que sea que tú ofrezcas. Vende oportunidades, no productos o servicios.

Espero que esto te ayude a enfocarte en solucionar el dolor de cabeza de tu prospecto o quizá en cumplirle un deseo, enfócate en eso y cambiará tu porcentaje de cierres o aperturas de nuevos negocios, cambiará porque el cliente ya lo estará percibiendo de una forma distinta.

Si te llevas algo de este capítulo, aplícalo, no sirve de nada que se quede en tu mente, que lo tengas ahí como algo que aprendiste sin aprovecharlo para tu beneficio personal o profesional.

<u>Cierre</u>

Espero de todo corazón que estas estrategias te hayan ayudado y que te sirvan de apoyo en el futuro para seguir adelante, a confiar más en ti y a lograr el Liderazgo Personal que necesitas para obtener todo lo que quieres en la vida. Te pido que jamás te rindas, que a pesar de las circunstancias negativas sigas adelante, decide triunfar y decide avanzar a pesar de todo. Recuerda que el poder de tu mente te puede llevar al éxito o te puede llevar al ¨fracaso¨, todo depende de lo que tú decidas. Este libro tiene la intención de darte herramientas para lograr avanzar y espero que haya logrado con estas estrategias de una u otra manera haberte apoyado para que seas aún mejor de lo que ya eres.

Te invito a compartirme lo que viviste durante la lectura de este libro, en qué aspectos te ha ayudado y como ha cambiado tu vida, cuáles han sido las estrategias que a ti te han sido más productivas para de esta forma yo poder seguir apoyando a más personas en el mundo a lograr sus sueños y objetivos. A confiar más en ellos mismos y lograr consistencia en todo lo que hagan para que avancen rumbo a lo que quieran lograr en lo personal y profesional. Si quieres conocer más de cómo te puedo apoyar, ingresa a mi página web; http://www.ricardogarzamont.com y descubre otras formas que tengo para apoyarte, para que tu motivación no se quede solo aquí, al contrario, yo quiero seguir animándote para que sigas adelante siempre. Y que tu motivación no decaiga en ningún momento. Te felicito por haber llegado hasta el final de este libro, no cualquier pesona completa un libro y tú lo lograste.

Al mismo tiempo quiero agradecerte por leer mis palabras y confiar en mi para seguirte apoyando constantemente. Tú tienes todo el potencial para lograr lo que quieras, yo seguiré estando aquí para apoyarte a que encuentres las mejores herramientas para seguir triunfando en la vida.

Mi compromiso contigo es darte la certeza de que estas herramientas no son la única forma de ayudarte, mi compromiso es seguirte apoyando con nuevas opciones siempre para que siempre tengas a un coach a tu lado que te motive y te apoye a lograr todo lo que quieras.

Me comprometo contigo a siempre seguir mejorando, aprendiendo, y creciendo en todos los aspectos para estar siempre a la vanguardia y poder ofrecerte siempre lo más revolucionario en el mundo para que tu te apoyes en mi y sigas triunfando en la vida.

Nuevamente Felicidades y recuerda...

NO TE RINDAS, DECIDE TRIUNFAR

ÍNDICE

En cinco pasos, supera los días en que no quieres hacer nada

Cómo levantarte después de un fracaso

Sonríe, aunque estés fingiendo

Tu lista de deseos

Ocúpate en lugar de preocuparte

Cómo obtener beneficios de tus "fracasos"

Aprende a tomar decisiones

Que los miedos no te limiten, supéralos

Cómo superar los nervios antes de un evento importante

En cinco pasos, convierte tus fracasos en triunfos

El pensamiento realista confirma al optimista

La fórmula para eliminar tus problemas rápidamente

La neblina es pasajera

Sal de tu zona de confort y triunfa

Tres pasos para hacer que las cosas sucedan

Que todo mundo se entere de tus metas

Crea tu mapa para el éxito en solo 5 pasos

TODO LO QUE DEBES SABER Y HACER PARA TENER ÉXITO

Paciencia, el éxito llegará

Cinco acciones que los grandes líderes hacen diferente

Sé un mejor líder, sigue estos pasos

¿Cómo piensan los millonarios?

Cómo dar tu primer paso hacia el éxito

Ritual mañanero para el éxito

Elimina la desidia y avanza hacia el éxito

Cómo enfocarte en lo que quieres y no en lo que temes

Una persona realmente exitosa evita hacer...

Siete hábitos de la gente productiva

Cinco acciones para catapultar tu negocio rápidamente

Atrévete y logra resultados extraordinarios

Técnicas para desbloquearte y triunfar

La llave del éxito

Date permiso de expandir tu mundo

Descubre cómo diseñar tus metas para que sean emocionantes

ADMINÍSTRATE Y LOGRA MÁS

Cinco pasos para tomar acción ahora mismo

Pregúntate para qué, antes de preguntarte cómo

Transforma tus sueños en metas

Trabajar mucho o trabajar inteligentemente

Burbujas de tiempo

Nueve tips para ser más productivo

10 minutos de gloria

Cómo concentrarte en momentos difíciles

Cómo estructurar tus ideas

Cómo hacerte preguntas para lograr tus sueños

Piensa fuera de caja, piensa diferente

¿Cómo obtener estructura y orden mental para un día productivo?

Salir adelante en ambientes de trabajo difíciles, cuestión de actitud

Made in the USA
Columbia, SC
12 July 2024

38351587R00191